제약영업

●

CSO를 만나다

KB161979

행복우물

변화하는 제약 산업의 미래를 준비하라

제약 산업 또는 제약 영업이라 하면 특정한 직업군 또는 제약 회사 직원들만의 고유한 영역이라 생각할 것이다. 이는 틀린 말이 아니다. 하지만 지금은 개인화, 지능화, 서비스화, 소규모 전문화 시대이다.

2021년 7월 2일 유엔무역개발협의회(UNCTAD)가 한국의 지위를 개발도상국에서 선진국으로 변경하였듯이, 우리의 모든 산업 또한 선진화의 길을 걷고 있음에 틀림이 없다. 1950년대부터 본격화된 국내 제약 산업 역시 많은 변화와 성장이 있었다. 제약 영업 또한 수십 년간 시대적, 사회적 환경 변화에 적응해 왔다.

모든 산업은 성장이 이루어짐에 따라 크고 작은 변화를 동반한다. 우리나라보다 성장 과정을 먼저 겪은 미국, 유럽, 일본 등의 상황을 살펴보면 향후 우리나라의 산업 형태의 변화를 조심스럽게 예측해 볼 수 있다.

이 책을 통해 아직은 생소하지만 떠오르는 직업군인 의약품 마케팅 대행업을 소개하려 한다. 의약품 마케팅 대행업(CSO)은 미국, 유럽, 일본 등에서는 전문 분야로 자리 잡은 직업으로, 제약 업계에서 통상적으로 CSO(Contract Sales Organization)라고 불리고 있다.

의약품 마케팅 대행업(CSO, CMR)의 역사는 이미 20여 년이 넘었다. 한국에서도 정부 및 제약 산업 종사자들의 주도 하에 미국, 일본, 유럽에서처럼 의약품 영업 전문 분야 형태인 의약품 마케팅 대행업(CSO, CMR)을 새로운 직업군으로 인정하고 규범화하려는 움직임이 시작되고 있다.

이제 제약 영업은 기존의 제약회사 영업사원은 물론 전혀 연관 없는 일반인에게도 기회가 주어지고 있으며, 일정 기간 교육을 통해 제약 영업을 직업으로 선택할 수 있는 시대에 접어들었다.

2000년대 의약분업 초기 해외 제약회사가 국내에서 빠르게 마케팅할 수 있었던 것은 국내 제약사와의 공동마케팅(Co-marketing) 덕분이었다. 공동마케팅은 판매대행, 위탁판매, 마케팅 대행 등과 같은 형태인데, 영업사원을 뽑아서 교육하는 과정의 비용을 줄이면서도 컴플라이언스의 위험을 줄이는 효율적인 방법이었다.

20여 년이 지난 지금, 국내 제약사들도 인건비 상승 등으로 영업직 직접 고용의 형태보다는 CSO를 통해 비용의 효율성을 높이고 있다. 이는 산업이 세분되고 인건비와 고정비가 증가하는 선진

제약영업, CSO를 만나다

국 사회에서 필연적인 부분이다. 보험업계에서 법인보험 대리점(GA: General Agency)가 생겨난 것과 일맥상통한다.

이 책은 앞으로 전문 직업군으로 자리매김할 CSO와 CMR을 이해할 수 있도록, 그리고 CSO를 준비하는 사람들과 제약회사 영업사원들에게도 실질적 도움이 될 수 있도록 구성했다. 또한 기존의 제약회사 직원들뿐만 아니라, 제약회사에 관심이 있는 취준생과 일반인에게까지 제약 사업과 그 변화의 지형도를 조망해 볼 수 있도록 하였다.

지금은 제약회사에 취직해야만 제약 영업을 할 수 있는 시대가 아니다. 변화된 제약 영업 환경에서는 학력이나 나이와 무관하게 능력과 열정이 있다면 누구나 성공이 가능하다.

혹시라도 잘못된 인식과 편견으로 인해 CSO를 불법으로 오해하는 의약계 종사자가 있다면, 이 책을 통해 CSO의 의미와 의약업계의 미래상을 전망해 볼 수 있는 기회로 삼았으면 한다.

이제부터 제약 영업이 어떠한 변화를 겪고 있으며 왜 새로운 기회인지를 차근차근 살펴보자.

제약영업, CSO를 만나다

목차

TWENTY YEARS FROM NOW YOU WILL BE MORE DISAPPOINTED BY THE THINGS YOU DIDN'T DO THAN BY THE ONES YOU DID DO. SO THROW OFF THE BOWLINES. SAIL AWAY FROM THE SAFE HARBOR. CATCH THE TRADE WINDS IN YOUR SAILS. EXPLORE. DREAM. DISCOVER._ MARK TWAIN

제 3 부: 영업 마케팅 전략으로 승부한다

20년 후 당신은, 했던 일보다 하지 않았던 일로 인해 더 실망할 것이다. 그러므로 돛줄을 던져라. 안전한 항구를 떠나 항해하라. 당신의 돛에 무역풍을 가득 담아라. 탐험하라. 꿈꾸라. 발견하라. _ 마크 트웨인

Prepare for the Future

Contract Sales Organizaiton

Contract Medical Representatives

제 4 부: 제약산업의 현재와 미래

제 5 부: 의약품의 이해

What you risk reveals
what you value.
_ Jeanette Winterson

어떤 위험을 감수하느냐를 보면, 당신이
무엇을 가치있게 여기는지를 알 수 있다.
_ 자넷 윈터슨

의학 용어 정리

CSO = CSO(Contract Sales Organization): 마케팅 및 판매대행을 하는 그룹/회사. 다수의 제약 기업과 의약품 마케팅 판매대행 업무를 계약하고, 의약품 관련 영업사원을 직·간접적으로 고용하고 관리하는 업체를 뜻한다.

MR = MR(Medical Representative): 의약 정보 전달자. 전문 의약품을 제조 또는 수입하고 있는 제약 기업에 근무하면서, 의약품의 적절한 사용과 보급을 목적으로 회사를 대표하여 의사나 약사 등 의료종사자와 면담을 통해 자사 의약품에 관계된 정보를 제공하고 수집, 전달하는 것을 업무로 하는 영업사원을 일컫는다.

CMR* = CMR(Contract Medical Representative): 의약품 마케팅 판매대행을 하는 영업사원을 뜻함. 다수의 제약 기업에서 마케팅 및 판매를 의뢰받아 의사나 약사 등 의료종사자에게 의약품에 관계된 정보를 제공 및 수집, 전달하는 것을 업무로 하는 영업사원을 통칭한다.

CP = CP(Compliance): 의약품 마케팅이나 판촉 영업 활동 시에 지켜야 할 관련 규정

Generic(제네릭): 오리지널 약의 복제 약. 오리지널 약이 특허권 보호가 만료되어 복제해서 사용해도 되는 약을 통칭하여 제네릭이라 한다.

CRO= CRO(Contract Research Organization): 임상시험 대행기관으로 신약개발을 하는 과정에서 제약회사의 임상시험을 대행해 주는 R&D 대행기업을 말한다. CRO는 초기에는 주로 임상시험 대행, 데이터관리 및 허가 지원을 수행했으나, 최근에는 임상시험 설계, 판매허가, 시판 후 관리 등 신약개발 전과정으로 서비스를 확대하고 있다.

[Note] 책에서 가장 많이 언급되는 대표적인 용어이며 기초적이면서 현장에서 가장 많이 사용되는 용어이기에 이해를 돕고자 몇가지 용어를 소개한다. 다른 용어들은 책의 마지막에 별도로 정리했다.

* 미국에서는 Independent Medical Sales Representatives라고 불리기도 한다.

PART. I

CSO · 미래를
발견하다

제약 산업의 위기와 기회

느린 판매 성장률, 개발 중인 혁신 약물의 감소, 엄격한 규제, 제네릭 업체 간 경쟁 심화, 만료되는 특허 등, 제약 산업계 앞에는 극복해 나가야 할 과제들이 산적해 있다.

영업 분야만을 본다면, 제약회사 입장에서는 만료되는 특허 제품으로 제네릭 업체의 경쟁을 통해서 판매를 늘려야 하지만, 전체 파이는 이미 정체기에 접어들었다. 또한 의약품에 대한 정부의 엄격한 규제는 신약 개발을 더욱 어렵게 만들고 있으며, 그에 따라 제약회사들이 신규 개발을 진행하는 약의 품목 수는 점점 줄어들고 있다. 그에 비해 회사가 지출해야 하는 인건비, 관리비 등의 고정비는 선진국 수준으로 올라가고 있다.

게다가 우리나라에서 영업 중인 제약사들은 정부의 자율 준수 프로그램(CP: Compliance Program)에 맞춰 제약 영업을 해야 하는 어려움이 있다. 그마저도 병 · 의원의 수는 약 3만 개로 정해져 있다. 영업 방법에 대한 규제가 늘어나고 있어서 거의 모든 회사의 마케팅이 획일화되고 있다. 그러나 이러한 변화는 영업 방식의 투명화를 가져올 것이고 결국 선진적인 세일즈 방식으로의 전환에 기여할 것이다. 영업사원 입장에서는 영업력이 있는 사람이 인정받고 대우받을 수 있는 전문가의 시대가 도래한 것이다. 보험 영업의 경우를 보면, 자사 상품뿐만 아니라 타사의 상품도 판매가 가능한 교차 판매*가 가능하게 되면서 영업사원 입장에서는 더 많은 이익을 가져갈 수 있게 되었다. 세일즈와 마케팅이 급변하는 시기로 접어들면서 다양한 능력과 재능을 가진 사람들이 유리한 시대가 온 것이다.

몇 년 전까지만 해도 제약회사는 직접 영업사원을 고용해 타사의 몫을 뺏고 뺏기는 영업을 해왔다. 우리가 뉴스에서 간혹 보는 리베이트를 제공하거나 제품의 할증, 여행경비와 회식 지원 등으로 영업을 해왔던 것이 사실이다. 이에 정부는 리베이트를 없애는 등의 정책으로 제약회사들을 규제하고 있다. 제약회사들은 식사비를 제한하기도 하고, 일정 금액 이상의 식사를 고객에게 제공할 경우에는 인증 사진을 찍고 관련 서류를 제출하는 등의 방식으로 규제를 이행하고 있다.

이미 미국, 유럽, 일본 등의 선진국에서는 20여 년 전에 현재 우리의 규제와 비슷한 리베이트 규제가 존재했고 그로 인해 위탁 영업 형태인 CSO가 확산되었다. 즉, '영업의 외주화'라고 일컬을 수 있는 이런 현상들이 제약회사뿐만 아니라 보험, 자동차 영업 분

---

*교차 판매: 자체 개발한 상품만이 아니라 다른 타사가 개발한 상품까지 판매하는 방식.

야에서 진행된 것이다. 지금 국내의 제약 영업은 본격적으로 위탁 영업의 시대를 맞이하고 있다. 이런 영업 방법의 전문화와 투명화의 시기에 CSO와 CMR은 제약 분야에서 도약을 꿈꾸는 이들에게 기회를 더욱 넓혀 줄 것이다.

지금은 제약회사에서 리베이트를 하고자 해도 쉽지 않은 현실이다. 10여 년 전과는 상황이 다르다. 당시 CSO는 국내 토종 영업사원들과의 경쟁에 밀려서 뿌리내리지 못했다. 제약회사의 리베이트가 난무하는 상황에서 누가 순수하게 CSO의 마케팅을 받아들여 줄 수 있었을까? 그러나 그 후 몇 년을 지나오면서 상황은 바뀌었다. 순수한 영업 능력만 있다면 충분히 경쟁력을 발휘할 수 있는 시장이 된 것이다.

이제 CSO와 CMR에게 기회가 온 것이다. 그러나 이는 제약 회사와 영업사원들에게는 위기로 작용하고 있다. 언제부터인가 유명 제약회사의 이름을 뒷배경으로 쉽게 영업을 하던 영업사원들은 자취를 감췄다. 또한 "재주는 곰이 부리고 돈은 왕서방이 받는다"는 말처럼 담당자의 영업 능력(재주)만 의지해 제약회사(왕서방)가 수익을 모두 가져가는 시대도 저물고 있다. 아나운서도 프리랜서로 진출하고 유튜브로 콘텐츠를 만들어 스스로 수익을 창출하는 것처럼, 능력 있는 개인이 돈을 버는 시대가 도래했다. 과거에는 지상파 방송사, 유명 신문과 잡지에서 광고를 독점했지만 이제는 개인의 역량을 통해 방송하는 유튜버들에게 광고가 넘어오게 되었다. 마찬가지로 제약사들도 제품의 영업과 마케팅을 전문가에게

제약영업, CSO를 만나다

위탁하고 있다.

의사나 약사에게 제품을 판매할 노하우나 인맥이 있는 사람들은 앞으로 많은 제약회사에서 자사의 의약품을 팔아달라고 구애를 받을 것이다.

정부에서도 의약품 판매대행 영업사원을 새로운 직업군으로 인정하고 제도권 안으로 끌어들이려 하고 있다. '의약품 의료기기 판촉영업자 신고제' 입법안이 추진된다는 점으로 미루어 볼 때, CSO와 CMR의 미래는 밝을 수밖에 없다.

미래의 직업 CSO, CMR

영업을 처음 하고자 하는 사람

영업에 입문하려는 입장에서는 모든 게 막막하게 보일 것이다. 필자 또한 "어느 병원을 먼저 가야 하지? 처음 무슨 말을 해야 하지? 방문만 한다고 되는 일일까? 막연히 디테일*만 하는 일이 제약영업일까?"와 같은 고민으로 밤잠을 설쳤던 기억이 있다.

영업에서 가장 중요한 것은 머리로 구상한 전략과 그것을 이행하기 위한 꾸준한 노력이다. 그러기 위해선 효율적으로 생각하고 전략적으로 접근해야 한다. 이제부터 영업을 하는 데 있어서 논리적인 접근 방법을 제시하겠지만, 가장 선행되어야 할 것은 실천력이라는 사실을 잊지 말자. 뭐든지 '지금 바로 실천하고 실행'해야 성공에 다가설 수 있다는 점을 마음속에 새겨두자.

---

*디테일(Detail): MR이 고객을 만나 제품에 대한 메시지를 설명하는 과정을 통칭한 것이다.

영업을 해보았던 사람 또는 현직에 있는 사람

'도대체 CSO는 어떻게 이루어진 걸까? 나는 어떻게 해야 하지? 앞으로 없어질 직종일까? CSO가 불법은 아닐까?' 이런 막연한 불안감에 영업을 해본 사람이나 현직에 종사하는 사람의 경우 고민과 두려움이 있을 수 있다. CSO를 정확하게 이해하지 못하는 경우 자신도 모르게 불법적인 행위를 할 수도 있다. 하지만 제대로 된 CSO 활동을 하는 경우는 합법일 뿐만 아니라, 이를 통해 변화하는 제약시장에서 앞서갈 수 있다. CSO는 새로운 수익을 창출할 수 있는 기회의 시장이다.

제약 영업이 변화되고 있음을 느끼고 막연히 두려워하는 기존 제약 영업인들은 이 책에서 제공하는 논리적인 데이터를 접하다 보면 현재 상황에서 앞으로의 시장에 어떻게 대응해 나아가야 할지에 대한 통찰을 얻을 수 있을 것이다.

앞으로 CSO/CMR은 전문직으로 자리매김할 것이다. 해외에서는 이미 의사나 약사와 마찬가지로 CMR이라는 직업이 엄연히 존재하며, 전문 교육기관도 있다. 영업에 자신이 있는 사람이라면 시작해 보자. 그에 따른 보상 또한 충분할 것이다.

제약 영업 종사자의 개념 및 종류

처음 시작하는 사람들이 숙지해야 할 용어와 개념을 정리해 보았다. 중요한 개념을 명확히 파악한 이후, 다음 단계로 나아가자.

MR 이란?

MR은 'Medical Representative'의 약자로 번역하면 '의료(의약품) 정보 담당자'이다. 제약회사를 대신해서 병원이나 약국에 의약품에 관한 정보를 의사와 약사에게 전달하는 사람을 지칭한다.

의료계 내에서는 제약 영업사원을 지칭하는 말로 사용되고 있지만, MR이란 표현이 일반인들에게는 익숙하지 않을 것이다. MR의 역할에 관한 공식적인 정의는 '소속된 제약회사를 대표하여 의약품의 정보를 수집하는 사람'으로 되어 있는데, 실제로 MR은 각 제약회사를 대표하여 담당 구역에서 자사 제품의 정보를 제공하며 세일즈를 진행한다. 의사와 약사에게 제품의 정보를 전달하고 판매하는 세일즈맨인 MR에게는, 정확한 의약품 정보를 고객에게 전달해 처방을 이끌어내는 역량이 중요하다.

MR의 역할

MR을 단순히 약을 판매하는 사람으로만 생각할 수도 있는데, MR의 역할은 포괄적이며 세일즈와 마케팅의 영역을 아우른다. 약이라는 상품은 일반적인 건강기능식품과는 달리 전문적인 제품이기 때문에 올바른 정보 전달이 중요하다. 뿐만 아니라 제약 산업의 규모와 환경의 변화 등을 고려했을 때 제약회사 입장에서도 MR의 중요성은 더욱 커지고 있다. 특히 MR은 고객인 의사와 약사에게 제품에 관한 다양한 임상자료를 알려야 함은 물론 관련된 자료를 발굴하는 역할까지 한다. 학술 대외 세미나 등을 통해 의약 정보를

제약영업, CSO를 만나다

제공하는 것도 이와 같은 맥락이다.

제약회사 MR의 역할은 회사를 대표하여 지역 의사나 약사에게 각자의 스타일로 세일즈를 하며, 의약품 정보 전달의 역할을 병행하게 된다. 구체적으로는 다음과 같은 업무를 맡는다.

(1)담당하는 구역에서 주도적으로 업무를 수행하고 고객과 시장을 관리한다. (2)세일즈 목표 달성을 위해 회사의 정책을 바탕으로 판매전략을 수립하는 마케팅 업무를 진행한다. (3)세미나, 학술대회, 심포지움 등을 통해 올바른 정보와 의약품 전반에 관한 동향 등이 제공될 수 있도록 고객을 돕는다.

제약사	3년 이하 ('19~21년 입사)	4~6년 ('16~18년 입사)	7년 이상 (~'15년 입사)	합계
보령	82 (30%)	119 (44%)	69 (26%)	270 (100%)
종근당	127 (30%)	81 (19%)	215 (51%)	423 (100%)
JW중외	46 (32%)	52 (37%)	44 (31%)	142 (100%)
GC녹십자	19 (9%)	45 (21%)	146 (70%)	210 (100%)
영진	29 (32%)	28 (31%)	33 (37%)	90 (100%)
유한	39 (12%)	56 (17%)	240 (72%)	335 (100%)
일양	16 (18%)	26 (30%)	46 (52%)	88 (100%)
한미	83 (21%)	111 (28%)	200 (51%)	394 (100%)
한독	14 (8%)	7 (4%)	147 (88%)	168 (100%)
대웅	88 (36%)	95 (39%)	61 (25%)	244 (100%)
SK	63 (30%)	53 (25%)	96 (45%)	212 (100%)
동아ST	48 (17%)	26 (9%)	215 (74%)	289 (100%)

[표]의원 영업조직 근무 연수별 인원 (단위: 명, %)
(팀원 및 팀장 이상 관리자 포함)

제약영업, CSO를 만나다

MR의 새로운 변화

최근 제약회사들은 IT 기술 및 온라인 플랫폼을 활용하여 변화를 꾀하려 노력하고 있다. 비대면 방식은 코로나 이전에도 존재했으나 코로나 이후에 더욱 활성화되었다. 비아트리스(구 화이자존)의 경우 의약품 정보와 가이드라인, 보험, 치료 등의 정보를 제공하는 다양한 플랫폼을 제공하고 있다.

아스트라제네카는 웹으로 심포지엄을 개최하기도 하고, 한미약품의 경우 온라인 마케팅 채널을 적극적으로 활용하여 논문 정보 및 질환 정보를 제공하면서 온·오프라인 심포지엄 등을 활용하고 있다. 유한양행과 종근당, 일동제약 등도 이러한 움직임을 보이고 있다. 따라서 MR은 이제 고객과의 관계지향적인 부분에만 머물면 안 되고, IT 기술을 능숙하게 활용하면서 다양한 데이터를 활용할 수 있어야 한다.

기업 뿐만 아니라 개인 차원에서도 전략의 개발, 비대면으로 정보를 전달하는 능력 등이 새롭게 요구되고 있다. MR의 역할도 새로운 트렌드에 맞춰 변화하고 있다. 우리 모두는 진화하고 발전하고 있는 의료시장의 중심에 서 있다는 사실을 명심해야 한다.

CSO 정의

CSO(Contract Sales Organization): 제약회사의 의약품을 대행해서 마케팅을 하고 판매하는 업체를 의미한다. 국내에 유명 제약회사들이 해외 유명 제약회사의 약을 코마케팅*(Co-Marketing)하는 것과 같은 형태이며, 넓은 의미로 국내 제약회사도 해외 제약회사의 국내 CSO 업체이다.

하지만 보통 국내 제약회사는 코마케팅 계약이라는 단어를 많이 사용한다. 국내 제약회사의 판매조직으로 마케팅 대행 및 판매 대행을 하겠다는 계약이다.

CSO의 정확한 정의는 '제약사 등과의 계약으로 의약품 등 마케팅 판매 활동에 관련된 일련의 서비스와 솔루션을 제공하는 기업'을 의미한다. 의약품 산업 환경의 변화에 따라 제약사의 전략적 옵션 중 하나로 CSO 활용의 중요성은 이미 선진국을 중심으로 거스를 수 없는 대세가 되었다.

세계의 CSO

CSO의 발상지는 영국으로 1983년에 CSO를 도입했다. 이후 독일(1993년), 프랑스(1994년), 미국(1995년), 일본(1998년) 등이

---

* 두 개 이상의 회사가 공동으로 전개하는 판매·판촉 활동. 동종 업종 및 이업종(異業種) 간에 상호 제휴를 통하여 서로의 강점을 활용할 수 있도록 역할을 분담하여 판매 실적을 높이는 새로운 영업 기법이다

제약영업, CSO를 만나다

순차적으로 CSO 사업을 시작했다. 이들 국가는 이미 2000년 이전 부터 CSO를 도입해 제도권에 편입시키기 위해 노력했다.

일본의 경우 1998년 도입 당시 20여 개의 CSO 회사가 존재했다. 동시에 이들은 일본 CSO 협회(JCSOA)를 구성했고 △Apo Plus Station △EP Pharma Line △Inventive Health △AC Medical △M3 Marketing △IQVIA △CMIC Ashfield △BI Medical 등을 회원사로 뒀다.

JCSOA가 발표하는 CSO 운영 실태를 살펴보면 CSO를 활용하는 일본 제약 기업은 매년 꾸준히 증가해 2009년 52개 업체에서 2017년 116개로 저변 확산이 이루어졌다. 특히, MR(Medical Representatives) 수 1,000명 이상의 대형 제약사는 기업 규모의 변동에 따라 증감이 있었지만, 1,000명 미만의 중소형 제약사는 CSO 활용이 증가하고 있는 것으로 나타났다.

일본의 CSO는 제약회사와의 계약 형태에 따라서 제약사의 규정 또는 JCSOA 자체 규정을 준수하며 일본 제약협회 행위규범, 의료용 의약품 제조·판매업 공정 경쟁 규약, 제약공업협회 투명성 가이드라인 등을 지키고 있다. 또한 약사 관련 법령을 제외하고 특정 법률로써 제약 산업과 CSO를 규제하지 않는 대신, 일본 특유의 사회적 합의를 통한 규정·규약 및 가이드라인 등을 철저히 준수하는 것이 특징이다.

즉, 정통 CSO 형태를 갖춘 후에야 의료 관계자에게 의약품의 품질, 유효성, 안전성 등 관련 정보의 제공, 수집, 전달을 통해 적정한 사용이 이뤄질 수 있도록 하는 역할에 집중한 것이다.

우리나라의 경우 검색을 해보면 CSO를 표방하는 회사들이 몇 개 나온다. 그러나 온라인으로만 보아도 아직은 많은 부분에서 미흡하다는 것을 알 수 있다. 외적으로 보이는 부분뿐만 아니라 내부 교육도 체계적인 교육은 없고 단순한 자료 제공과 주먹구구식 영업 방식을 개인적으로 배우는 수준이다.

CSO의 사업 유형

1. 제약회사와의 개별 계약으로 CSO 업체 자체 규정에 따라 MR 활동을 진행하는 'Out Sourcing Contract'가 있다. 이는 대부분의 국내 CSO의 모습과 가장 유사하다고 볼 수 있다.

2. 제약사에 직원을 직접 파견하는 'Temporary Contract'이다. 파견 직원은 해당 제약사의 규정에 따라 움직이며 그 회사의 명함까지 사용한다.

3. CSO가 전문 사업 영역 전반에서 다수의 제약회사와 독점판매계약을 맺는 'Simultaneous Contract'이다.

조금 더 이해를 돕기 위해 보험회사를 예로 들면, 예전에는 보험회사 직원은 자사의 보험만 영업할 수 있었고 심지어 일반적인 보험이나 자동차 보험은 판매하지 못하는 등의 규제가 있었다. 그러나 지금은 해당 보험회사 소속이 아니더라도 보험 판매 조직이 다양한 회사의 보험상품을 판매하고 있다. 상해 보험, 종신 보험 심지어 자동차 보험까지 다양한 교차 판매가 허용되는 것을 생각하면 된다.

CSO의 장점

> v 자유로운 근무 환경
> v 실적에 따른 수입 증가
> v 시간의 자유로움으로 인한 일과 삶의 균형 가능
> v 본업은 물론 부업으로도 가능

물론 단점도 존재한다. 소속된 회사가 없는 데에 대한 신뢰도와 공신력이 떨어질 수 있고, 데이터와 자료의 부족 등의 문제가 있을 수 있기에, 자신에게 맞는 선택이 중요하다. 그러나 현재 의료 시장이 변화하고 있다는 점과 그 규모 또한 점차 커지고 있다는 점은 분명한 사실이다. 우리나라의 제약 산업의 모델이 된 미국과 일본에서는 CSO협회와 인증제도로 그 전문성을 인정해 주고 있으며, 산업 자체의 경쟁력 강화를 위해서 CSO를 육성하고 있다.

미국과 일본의 의료 업계에서도 CSO를 하나의 전문적인 직업군으로 인정하고 있고 제약회사들과의 프로모션도 진행하고 있다.

얼마 전 국내의 한 중견 제약회사에서 내부 영업사원을 정리하고 영업을 전면 CSO로 진행하겠다고 발표했는데, 이 또한 우리나라 제약 환경의 변화가 CSO를 중심으로 재편될 것임을 알리는 시그널이라고 이해할 수 있다.

국내 제약 영업 변화 (CSO의 흐름)

　　1990년대부터 지금까지 판매 대행의 형태는 크게 3가지의 영업 형태로 변화해왔다. 즉, (1)약국 위주 영업조직 활용, (2)병·의원 위주 영업사원 조직 활용, (3)CSO 업체 영업사원 조직 활용으로 바뀌어 왔는데, 다음에 기술된 변화 이슈와 함께 이해해 보자.

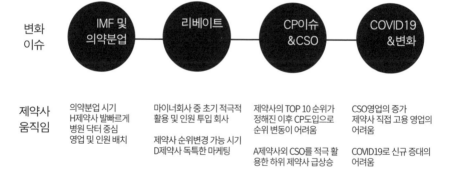

변화 이슈	IMF 및 의약분업	리베이트	CP이슈 &CSO	COVID19 &변화
제약사 움직임	의약분업 시기 H제약사 발빠르게 병원 닥터 중심 영업 및 인원 배치	마이너회사 중 초기 적극적 활용 및 인원 투입 회사 제약사 순위변경 가능 시기 D제약사 독특한 마케팅	제약사의 TOP 10 순위가 정해진 이후 CP도입으로 순위 변동이 어려움 A제약사외 CSO를 적극 활용한 하위 제약사 급상승	CSO영업의 증가 제약사 직접 고용 영업의 어려움 COVID19로 신규 증대의 어려움

[표] 변화 이슈에 따른 제약사 움직임

약국 영업조직 활용 1990년대

약국 위주의 영업을 활용한 A 제약사: 1990년대 전문약품 5위권 순위에 있었던 제약회사다. 90년대 이전부터 일본제약회사의 의약품을 국내에 들여와 국내 판매대행을 하며 의약분업 전까지 상위권에 있었다. 1990년대 중요 영업은 약국 위주의 영업사원들 위주로 진행되었다. 하지만 의약분업 전까지 약국 위주, 영업사원 중심의 영업 형태에서 의약분업 이후 병·의원 중심 영업으로 전환을 빠르게 못하여 순위에서 많이 밀려났다.

병원 영업 조직 활용 2000년대 초

병·의원 위주 영업사원 조직을 적극적으로 활용한 B제약사: 2000년 의약분업 이후 약국 위주의 영업에서 빠르게 병원 위주로 영업조직을 재편한 제약회사가 선도적 위치를 차지했다. 이는 A제약회사보다 한참 하위권에 있던 B제약회사가 빠르게 역전할 수 있었던 이유이기도 하다.

당시 B제약회사는 적극적인 전략을 바탕으로 선도적으로 치고 나가는 영업을 진행하였다. 또한 영업사원의 수를 빠르게 늘려 외자 회사 제품과 계약을 맺는 데에도 유리한 고지를 선점했다. 커버리지(coverage) 또한 다른 회사에 비해 높아졌다.

B제약회사는 의약분업 직후 약국 위주의 영업사원이 아닌 병·의원 영업사원 형태로 조직을 구성하고, 마케팅을 의사에게 집중했다. 그렇게 20여 년 전 의약분업 당시 적극적인 마케팅과 변

화에 발 빠르게 대처한 B제약사는 20여 년간 엄청난 성장을 하여 국내 상위권의 제약회사로 도약하였다.

국내 제약회사들은 외자회사와 제품 계약을 맺고 판매와 마케팅을 대행하여 이익을 확보하고 브랜드 이미지를 확보한다. 해외 제약회사들 또한 국내 제약사들의 인력과 마케팅을 활용하며 많은 이익을 가져갈 수 있다. 서로 윈-윈인 것이다.

CSO 영업조직 활용 2010년대 중반 이후

CSO 업체 영업사원 조직 활용한 K제약: 2015년 이후 정부는 제약회사의 리베이트 근절을 위해 노력했고, 사회적으로도 김영란법 등의 시행으로 윤리의식이 중요해지기 시작했다. 이때부터 제약회사는 적극적인 마케팅이 어려워졌다. 마케팅을 할 수 있는 범위도 좁아졌기 때문에 각 회사의 마케팅은 점점 비슷한 형태로 수렴되었다. 그때부터 K제약회사는 회사에 소속된 직원이 아닌, 외인구단과 같은 CSO 업체의 영업사원들을 활용하기 시작했다. 시장의 변화에 부흥하며 CSO를 적극적으로 활용한 K제약회사는 그이후부터 엄청난 성장을 하게 되었다.

위의 사례를 통해서 알 수 있는 것은 시대적 상황과 변화에 선도적으로 적응한 회사는 성장을 이룩했고, 그렇지 못한 회사는 도태되었다는 당연한 사실이다.

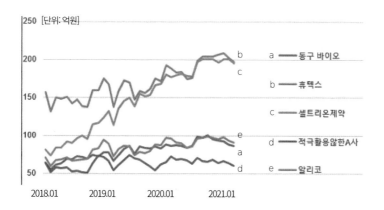

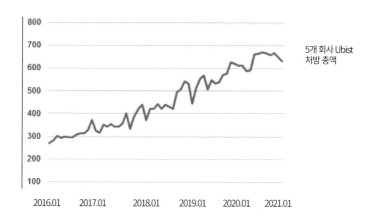

4년간 변화 2017년을 기점으로 CSO를 적극 활용한 회사들은 상승
4년간 5개사 처방액은 2배 증가
2018년에 같은 위치에서 출발한 4개의 회사 =>18년도부터 적극적으로 CSO채널 확장한 회사 4배 성장
그렇지 않은 회사와의 격차는 더욱 벌어지고 있음

[표] 판매대행업체(CSO) 활용한 회사들의 처방 변화

이미 수년 전부터 제약 영업사원의 CSO 전환은 활성화 되었다. 2017년부터 2년 연속 1,800억 매출을 유지하는 E제약회사의 경우, 인원 감축과 동시에 CSO를 통한 의약품 영업 활동 중심으로 구조의 변화를 진행하였다*. 이는 단순히 E제약회사만의 경향이 아닌 전체 제약회사들의 움직임이기도 하다.

현재 우리나라 제약 산업의 경우 비용절감이 대두되고 있다. 이는 정부의 정책과 관련 법규의 변화에 따른 자연스러운 현상이다. 특히 코로나로 인해 대면 영업이 힘들어진 중소기업의 경우 인건비 절감을 더욱 강조하는 추세다.

CSO는 제약회사의 비용 절감 위한 해결책으로 부상하고 있다. 앞으로는 국내 제약회사들에게 일부 영업을 외주화하는 것은 필수 코스가 될 것이다. 그렇게 하면 제약회사는 신약 연구에 더 집중을 할 수 있기 때문이다.

한때 우리나라 제약회사에 외국 제약회사의 의약품 판매대행(CSO)을 의뢰했던 해외 제약회사들처럼, 앞으로는 국내 제약회사들도 개발 도상국에 진출하여 의약품 판매대행을 시도하는 날이 올 것이다.

*2021년 2월 18일 언론 보도

국내 CSO 현황

2015년부터 10위권 이하 제약회사들이 본격적으로 부진한 판매에 대한 타개책으로 선진국식 영업 방식으로 전향하기 시작했다. 마케팅 판매대행으로 영업부의 업무를 외주 영업부로 위탁하는 방식인데, 제약사 입장에서 영업사원의 관리 비용을 절감하고 정부의 규제를 피하고 마진을 높일 수 있는 장점이 있었다.

신약개발 능력이 없는 중소 제약회사의 경우, CSO 영업 위탁이 지속적으로 늘어나고 있다. 그 가장 큰 원인은 마케팅, 영업능력이 부족하여 이익 창출이 인적관계 영업이나 경제적 이익을 약속하는 영업에 의존해 왔었기 때문이다.

얼마 전, 모 제약회사에서 영업사원 수십 명을 정리하고 영업을 CSO로 전환하는 일이 있었는데, 사실 이는 전혀 놀랄 일이 아니었다. CSO로 선택하는 기업이 늘어나는 이유는 영업의 리스크를 줄이기 위함이다. 다시 말해 인건비와 영업비용을 절감하고 그에 따른 이익의 증가를 바라는 것이 결국 시장의 흐름이고 현재 국내 CSO의 상황인 것이다.

이렇게 국내 영업 위탁 방법은 해외 제약회사들이 국내 제약사들에게 마케팅 대행을 진행하는 것과 동일하다. 해외 유명 제약사인 화이자, GSK, 머크 등이 국내 유명 제약사에게 국내 판매대행을 위탁하는 것과 동일한 방법이다. 10위권 이하의 제약회사들이 본격적으로 법인 마케팅 대행을 시작한 지 5년 정도 지난 지금, 그들의 영업력은 점점 더 강해지고 있다. 2000년 초반 해외 제약사들이 국내 제약사들에게 위탁판매를 하며 엄청나게 성장했던 것처럼 말이다.

당시 성장했던 대표적인 제약사가 한미약품이다. 한미약품은 적극적인 영업을 통해 다수의 해외 제약사들로부터 국내 판매대행을 하기 시작하면서 큰 성장을 이루어 내었다. 이렇게 국내 제약 영업의 변화가 다시 한 번 시작되었고, 그에 따라 기존의 대형제약사의 견제와 정부의 규제가 진행되고 있다.

개인 영업위탁 판매대행 사원 방문 프로세스

제약사에 소속된 영업사원은 제약회사의 SFA 플랫폼과 PM & 마케팅 지원 등을 받아 조금은 수월하게 영업을 할 수 있다. 하지만 제약사에 속하지 않는 판매대행 영업사원은 본인이 모든 것을 처리해야 하기 때문에 방문 프로세스의 효율을 높이는 것에 집중해야만 한다. 개인사업자가 대부분인 판매대행 영업사원은 영업을 하는 만큼 수익을 확보한다. 따라서 최대한 비효율적인 부분을 개선해야만 한다. 하지만 인간관계 형성이 필요한 세일즈에서는 무조건적으로 효율만 따져서는 안 된다고 본다. 적절한 효율성과 유연한 태도를 갖추고 진정한 프로급 제약 영업사원(MR)이 되어야 한다.

Q. 영업사원은 능력이 중요할까 노력이 중요할까?
A. 능력보다는 노력이다.

아래 그림은 영업사원의 3달간에 활동 방문 횟수에 따른 법인카드 사용 횟수를 누적하여 표로 만들어 본 그래프이다.

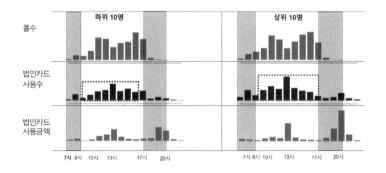

A제약사 처방실적 하위 10명과 우측 상위 10명의 3개월간 방문 활동 및 법인카드 사용 횟수 누적 데이터를 분석한 결과 상위자에서 더 많은 활동이 이루어졌다는 것을 확인할 수 있었다. (법인

카드 사용은 방문 시 커피 및 음료 비용과 제품 설명회 사용에만 사용된다.) 특히 일반적인 활동 시간인 오전 9시~ 오후 6시 활동은 비슷해 보이지만, 오전 7시~8시 , 오후 8시 이후의 법인카드 사용 횟수는 유의미한 차이를 보였다. 이는 남들이 일하는 시간 이외에도 활동량이 많다는 것을 의미하고, 실적이 좋은 영업사원은 오전 근무시간 외에도 더 많은 활동이 있다는 것을 알 수 있다.

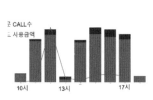

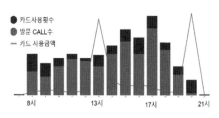

하위 MR 1인(2021년 1~3월 활동)   상위 MR 1인(2021년 1~3월 활동)

오전 10시~오후 5시 정도에 일을 마친다	8시 이전, 6시 이후에도 일을 한다
오전 10~11시경 첫 카드를 사용하는 편이다	오전 8시 이전 활동에 카드를 사용한다
점심, 저녁 시간 제품설명회가 부족하다	점심, 저녁 시간 제품설명회 활동이 활발하다
활동시간의 스펙트럼이 좁다	활동시간의 스펙트럼이 넓다

위 표는 실적 하위 1인과 상위 1인의 활동과 카드 사용 횟수의 차이를 확인해 본 결과이다. 10명의 표본에서 더 많은 활동량의 차이를 나타낸다. 이를 통해 추론할 수 있는 점은 영업에서는 실력보다는 노력이 더 중요한 요소로 작용한다는 사실이다.

"마음을 위대한 일로 이끄는 것은
오직 열정, 위대한 열정뿐이다."

_ 드니 디드로

PART. II

돈이 되는
1인 제약 영업

제약 영업 자격증 취득하기

현재 우리나라의 MR 인증 교육기관은 〈한국제약 영업인협회 (KCMR 협회)〉와 〈한국제약바이오협회 산하 제약아카데미〉 단 두 곳이다. 이 두 곳은 MR의 소양과 지식을 교육하고 인증하는 곳이 기 때문에 MR을 처음 시작하고자 한다면, 두 기관을 잘 활용하면 시행착오를 최소화 할 수 있다. 그 외에는 CSO 판매대행사에서 영업 직원을 채용하여 교육 비중은 낮추면서 영업을 시작하게 하는 경우가 많다. 이럴 경우 시작하는 사람들에게 불리하고 여러모로 어려움을 겪을 수도 있다.

따라서 인증된 기관에서 최소한의 소양과 지식을 교육받고 시작하는 것을 추천한다. 공통으로 두 기관은 기본적인 세일즈, MR의 역할, 제약 산업의 이해, 제약 영업의 법률적 기초 등의 교육을 하고 있으며, 교육 후에 검증 즉 시험을 통해 자격증을 발급하고 있다. 또한 4가지 영역인 약제 약리학, 질병 치료학, 영업직무, 비즈니스 BASIC 등을 온라인으로 교육하고 있으며, 일정 기간 교육과

제약영업, CSO를 만나다

정이 지난 후에 MR 인증시험 자격을 부여한다. 매년 1개월 간 보수 교육을 진행한다.

이러한 교육기관을 추천하는 이유는 현재 우리나라에서는 대형 제약회사 몇 곳을 제외하고는 신입사원에 대한 교육 시스템이 잘 갖추어지지 않았기 때문이다. 대부분 사수나 멘토를 따라다니며 배우는 시스템이며 외국계 회사의 경우 아예 신입직원 자체를 모집하지 않는 경우가 많다. 따라서 제약회사에 관심이 있는 취업 준비생이나 중소 제약회사의 신입 직원들도 교육을 받으면 도움이 될 것이다. 이외에도 전문적인 CSO를 준비하는 분들도 일반적인 CSO로 입사하는 것보다 최소한의 기본적 교육을 진행한 후 CSO를 진행한다면 큰 도움이 될 것이다.

또한 기존에 제약 영업을 해보았던 사람들 또한 자격증을 따고 정보를 받아보는 것을 추천한다. 그 이유는 이미 정부에서 규제 사각지대를 없애기 위해 노력 중이며, 머지않아 자격증 시대로 전환될 것이기 때문이다.

KCMR 협회

KCMR은 Korea Contract Medical Representative의 약어로 '한국제약 영업인협회'라고 이해하면 된다. KCMR은 기존에 MR을 하고 있거나 했었던 경력직부터 시작하려는 취업 준비생, 그리고 부업으로 생각하는 사람들을 교육하고 인증해 주는 기관이다. 다른 협회와 다른 점은 교육과 인증만 해주는 기관이 아니라, 원래는 유료인 영업 플랫폼을 협회 차원에서 무료로 제공해 주는 기관이라는 점이다.

KCMR은 지속적인 교육과 응용성 풍부한 콘텐츠를 제공하고 있다. MR에게 지속적이고 다양한 영업을 위한 콘텐츠와 플랫폼을 제공한다는 데에 다른 기관과 차별성이 있다.

프로엠알 **ProMr** ··

위 플랫폼은 국내 최초로 만들어진 특허 받은 플랫폼으로 CSO 및 판매대행을 하고자 하는 제약 영업인들에게 유용한 프로그램이다. 모든 제약회사의 제품을 비교하고 최적의 제품을 손쉽게 찾아 의사에게 소개할 수 있도록 만들어져 있다. 이전까지는 업계에서 소수만이 알고 있던 고급 정보를 한눈에 확인하고 비교할 수 있어 진입장벽이 낮아졌다.

핸드폰, 컴퓨터, 패드형 등 모든 기기에서 활용할 수 있으며 처음 시작하는 영업사원들 역시 편리하게 이용할 수 있다는 점이 큰 장점이다.

영업 플랫폼의 경우, 몇몇 대형 제약회사들이 사용하는 플랫폼으로 약에 대한 정보, 대체 약의 정보, 주문, 수량 등을 실시간으로 확인할 수 있다. 스마트폰에 앱으로 설치 가능하며 휴대성과 편의성이 뛰어나다는 장점이 있다. 이뿐 아니라 CSO를 운영하며 필요한 다양한 정보와 병원 관련 동향을 제공하여 CSO를 준비하고 운영하는 사람에게는 유용한 플랫폼이니 활용해 볼 만하다.

제약 영업인협회의 필요성

[KCMR 협회의 설립 목적]
- 투명하고 공정한 산업으로 인정과 인식의 변화
- 새로운 산업의 시장 창출
- 전문성 있고 자격 있는 전문가의 육성 및 제도화
- 안전하고 경쟁력 있는 MR의 보호와 지원

 ··· KCMR협회

협회 가입의 필요성

현재 많은 CSO는 일부 제약회사 경력직 중심으로 진행되는 것이 일반적이지만, 제대로된 교육을 받지 못하고 잘못된 방식으로 일을 시작하는 경우도 꽤 있다. 이와 함께 불법적인 요소가 개입하면 시장에의 신뢰가 하락할 수 있다.

뿐만 아니라 새롭게 CSO를 준비하는 사람이나 제약회사에 취업한 신입사원일지라도 주먹구구식 교육이나 상관 또는 사수를 통한 구전 형태의 검증되지 않는 교육을 받는 경우도 있다. 다음의 두 가지의 예시를 살펴보면서 이해해 보도록 하자.

#1 중소 제약회사에 들어간 A군

A군의 경우 4년제 대학 경영학과를 나와 나름 역사가 있는 제약회사에 입사하였다. 규모는 작지만 웬만한 사람도 들어본 이름 있는 제약회사였다.

부푼 마음과 의욕을 가지고 일을 시작하였으나 생소한 용어와 단어, 그리고 각종 법률을 습득하는 게 쉽지는 않았다. 그런데 신입사원 교육이 전혀 없었고, 영업 구역을 배정받고 선배를 따라다니는 게 전부였다. 그렇다고 선배 탓을 할 수도 없는 상황이었다. 선배 입장에서도 영업을 진행하면서 일을 가르쳐주는 것이 쉽지는 않았다. 알아서 찾아보기에는 정보가 부족하고, 시작을 어디서부터 해야 할지도 몰라 하루하루가 우울해졌다. 책을 찾아보기도 하였으나 일반적인 판매에 관한 이론적인 이야기만 있고 실무적인 내용은 생략되어 있어 더욱 답답했다.

영업을 배우는 데 한계에 봉착하자 어느 순간 영업과 일에 대한 의욕이 상실되었다.

#2 아는 의사와 약사가 많은 B씨

B씨의 경우 친인척 중에 의사가 많다. 평소 사람들과의 관계도 좋아서 주변에서 B씨를 찾는 사람도 많았다. 현재 유통과 영업을 하고 있지만 미래를 위한 새로운 돌파구를 찾던 중, 제약 영업에 관한 이야기를 듣게 되었다. 그러나 어디서 어떻게 시작해야 할지, 무엇을 해야 할지 등의 정보가 없어 늘 답답했다.

방법만 알 수가 있다면 본인이 가진 인맥을 활용해 충분한 영업이 가능하겠지만, 방법을 알려주는 곳도 교육을 받을 수 있는 곳도 찾을 수 없었다.

위의 두 가지의 사례를 통해서 다음 사항을 알 수 있다.
1. 제대로 교육하는 곳이 없다. (일부 대형 제약회사 제외)
2. 영업과 사업을 시작하려는 사람에게 정보가 부족하다.
3. 영업 플랫폼 부족 등의 문제로 접근하기 어려운 산업이다.

이러한 이유로 KCMR 협회는 안전하고 체계적인 방법을 알리고자 MR인증제도를 통한 기본 소양 확립을 지원하고, 회원들에게는 실무에서 사용 가능한 마케팅과 세일즈 플랫폼을 제공하고 있다. 그리하여 교육과 수익, 두 마리 토끼를 잡을 수 있도록 지원하고 있다. 또한, 교육과 정보의 제공과 더불어 다양한 활동을 통해 회원의 권익을 보호하고자 노력하고 있다.

KCMR 협회 등록 절차

기존 제약회사 직원 및 경력직의 경우
3년 이상의 제약회사 경력이 있는 경우 시험 면제가 가능하다. 재직증명서 제출 후 협회에 가입하면 협회에서 제공하는 플랫폼 사용을 할인된 금액으로 이용할 수 있다.

신규 회원(제약 영업을 준비하는 사람)의 경우

MR을 준비하거나 CSO 사업을 시작하려는 사람, 또는 제약회사 취업을 준비하는 경우, KCMR 협회에서 주관하는 자격시험을 응시해서 합격하면 자격증을 발급받을 수 있다. 합격 후에는 협회에서 제공하는 플랫폼을 사용할 수 있다. 시험을 통과한 후 협회에 온라인으로 가입하면 플랫폼을 무료로 시작할 수 있다.

공통사항

앞서 언급한 두 가지 타입의 경우 공통으로 3년마다 보수교육을 받아야 한다. 보수교육의 경우 변경된 제약 관련 정보의 교육과 윤리 교육 등이 포함된 과정을 일정 시간 이수해야 협회원 자격이 유지되며 플랫폼 이용이 가능하다.

이처럼 제약회사 취업을 준비하는 사람, CSO 사업을 하고자 하는 사람, 제약회사를 나와 CSO 사업을 하고자 하는 사람의 경우 무작정 시작하기보다 제도권의 안정된 환경에서 시작하는 것을 추천한다.

협회를 통하면 다양한 정보를 꾸준히 확보할 수 있다는 장점은 물론, 혼자서 진행하기 힘든 것들에 대한 다양한 도움을 받을 수 있어 여러모로 유리하다.

1인 제약 영업 사업 시작하기

현재 CSO를 시작하는 사람들 대다수가 제약회사 경력직이다. 이런 경우 다니던 제약회사를 통해 알게 된 병원을 대상으로 회사에서 제공하던 약을 대체하는 복제 약, 즉 제네릭을 제공하는 영업을 주로 하고 있다. 그 외에 CSO 회사에 신입이나 경력직으로 취업하는 경우도 있다. 이런 경우 CSO 회사가 계약한 제약회사나 도매상의 약을 파는 영업을 진행한다.

위의 두 가지 경우, 공통적인 단점은 거래해야 하는 약품의 수와 판매 수익이 한정된다는 점이다. 혼자서 여러 도매상과 거래하는 게 쉽지 않아서 영업의 범위가 한정적이다. 또한 CSO 소속이기에 수수료도 낮아질 수밖에 없는 구조이다. 유통과정을 머릿속으로 그려보면 쉽게 이해할 수 있다.

몇 단계의 과정을 거치면 수수료는 낮아질 수밖에 없다. 농산물의 경우 배춧값은 현지에서 500원인데 소비자가 구매하면 3,000원인 경우를 생각해 보면 된다.

제약회사 > 도매 > CSO > 본인

물론 유통과정 자체가 나쁘다는 것은 아니지만, 중간 유통을 최소화한다면 나의 수익은 늘어난다. 그렇다면 나 혼자서 CSO를 시작하는 방법은 없을까?

사업자등록증 만들기

CSO도 엄연한 사업으로 시작하는 것이기에 사업자등록(개인 사업자 또는 법인사업자)을 해야 한다. 사업자등록증의 경우 개인 사업자와 법인사업자로 구분할 수가 있는데, 대개는 개인사업자로 시작하지만 상황에 따라 법인사업자가 유리할 수도 있다. 업종과 업태의 경우 '판매대행', '마케팅', '영업'으로 기재하면 된다*.

사업자등록증은 지역 관할 세무서에서 발급이 가능하다. 개인 사업자의 경우 사무실 소재지와 신분증만 있으면 당일 발급이 가능한데, 이 경우 주소지, 즉 사무실 소재지는 거주하는 집으로 해도 가능하다.

법인사업자의 경우 개인사업자와 달리 조금은 복잡하다. 법무 사를 통해서 하면 간단하지만, 비용이 발생한다. 법인사업자의 경우 주주명부, 정관, 법인등기 등 서류를 만들고 개설해야 하기에 개인이 하면 조금 복잡할 수가 있다. 보통 법무사 대행일 경우 몇십만 원 수준의 대행료(인지대, 서류 비용 포함)가 발생한다. 사업자

*업종 코드는 상품 중개업이고 하위로는 상품 종합 중개업으로 한다. (업종코드는 51119) 상품대리의 정의는 약정에 따라 타인을 대리하여 상품을 판매하고 그 실적에 따라 수수료를 받는 사업이다.

제약영업, CSO를 만나다

등록증이 있으니 이제 사업을 시작하면 되는 것일까? 아니다. 시작하기에 앞서 기본 소양(병원에 대한 이해, 약에 대한 이해, 각종 법률적 이해 등)이 준비되었는가를 확인해야 한다.

본격적으로 영업에 들어가기 전 고려할 점

일단 본인이 기본적 소양을 갖추고 사업자등록증도 발급하고 준비가 되었다는 가정하에 이야기해 보자.

병원을 찾아가서 준비한 명함을 병원장 또는 관계자에게 주었다. 고객은 본인의 명함을 볼 것이고 본인의 설명을 들을 것이다. 경력이 있는 사람의 경우 신뢰를 쉽게 얻을 수 있고 영업도 수월하겠지만 경력이 없다면 여러 가지 난관에 봉착할 수 있다. 따라서 신뢰도를 높이기 위해서 명함에 KCMR 협회에서 발급한 자격증에 관한 정보를 넣는 것도 좋은 방법이다. 그리고 미리 KCMR 협회를 통해 사전 교육(초보자의 경우 1개월 동안 4회)을 이수한다면 각 병원에 대한 맞춤식 영업방식을 배울 수 있다**. 또한 제약회사나 의료 도매상과의 계약에 관해서도 도움을 받을 수 있으므로 처음 시작하는 입장에서는 보다 쉽고 안전하게 계약을 진행할 수 있다는 장점이 있다.

병원을 방문하기 전에는 미리 병원에서 주로 쓰는 약품에 대한 정보를 확보하는 게 좋다. 만약 확보가 용이하지 않을 경우 진료과목에서 가장 많이 사용하는 제품에 대해 어느 정도 숙지를 하고 방문하는 것이 좋다. 그리고 제약회사 또는 의약품 도매회사

** 단순히 영업방식의 교육만이 아닌, 영업자가 주의해야 하는 법적인 문제, 제품에 대한 설명과 제품 상호간의 비교 등 다양한 교육 받을 수 있다.

등을 통해 다양한 카탈로그 정도는 준비하는 것이 도움이 된다. 카탈로그의 경우 수급이 용이하지 않을 경우 KCMR 협회를 통해 도움을 받는 것도 방법이다.

또한 프로엠알 앱을 설치하면 제품 비교 및 실시간 정보 확인이 가능하기에 큰 도움이 된다. 철저한 사전 준비만이 성공으로 가는 지름길이다. 다음 사례를 읽으면서 어떤 경우가 보다 전문적인 느낌을 줄 수 있는지 생각해 보자.

#1 경력직

A : 제약회사 출신으로 그간 C 병원과 거래를 했고 주로 어떤 약들을 다루며 E와 관련된 업무를 진행했습니다.

B : 제약회사 출신으로서, 새롭게 시작하고자 MR 교육과 자격을 취득했고 그간 C 병원과 거래를 했고 주로 K와 관련된 약들을 다루었고 G와 관련된 업무를 진행했습니다.

#2 비경력직

A : 그간 무슨 일을 했었고 이번에 새롭게 제약 영업을 시작하게 되었습니다.

B : 그간 무슨 일을 했었고 이번에 새로운 시작을 꿈꾸며 MR 교육을 이수하며 자격을 취득한 후, 제약 영업을 시작하였습니다.

같은 상황에서도 한 문장이 추가되었을 때의 느낌은 분명 다르다. 단순히 MR 교육을 받은 것을 말하고자 하는 것이 아니라 그만큼 준비가 되었고 전문성을 갖추었다는 것을 분명하게 어필하는 것이 받아들이는 사람 입장에서는 다른 느낌을 갖게 된다. 또한 아직도 의약품 판매대행의 개념을 확실하게 이해하지 못한 의사일 경우 그러한 판매대행 행위가 불법이라는 잘못된 인식을 갖고 있을 수 있다. 그런 경우 자격증을 바탕으로 소통한다면 충분한 신뢰를 확보할 수 있다.

의사는 직업군의 특징 상 전문성과 신뢰에 대한 기준이 처음에는 굉장히 높다. 생각해 보라. 의사가 되기 위해 많은 시간과 노력을 들여 의사라는 면허를 취득했고, 개원하는 데 많은 비용을 들였다. 게다가 의사에게 달려드는 영업사원의 수는 업종별로 생각해도 엄청나게 많다. 그들은 좋든 싫든 수많은 영업에 시달린 사람들이다. 그렇기에 의사들 입장에서는 처음 만나는 사람에 대한 경계와 기준이 높을 수밖에 없다. 따라서 의사에게 전문적인 모습을 보여주기 위해서 앞서 언급한 방식의 자격증을 활용한 자기소개의 의미는 크다. 선점이 독점이라는 말이 있다. 이는 처음 시작한 사람이 후발주자보다 더 많은 이득이 있다는 말인데, 제약 영업 자격증 또한 마찬가지이다.

먼저 자격을 취득한 사람이 그렇지 않은 사람에 비해 우위에 있을 수 있고 법제화되기 전 취득하면 다양한 이점이 생길 가능성이 매우 크다.

약이라는 상품은 흔히 주변에서 볼 수 있는 일반적인 제품들과는 다른, 고객의 건강과 생명에 직결되는 품목이다. 당신이 의사라면 준비가 철저하지 못하고 전문성이 없는 사람에게 설명을 듣고 싶겠는가? 그렇기 때문에 프로를 지향하는 제약 영업인이라면 전문성을 보여주기 위해서, 단 한 줄의 약력에도 심혈을 기울여야한다.

처음으로 어느 병원을 가야 할까?

1인 제약 영업의 시작 단계로 어떤 병원을 방문하는 게 좋을지 고민해 보자. 누군가는 아는 병원을 먼저 갈 것이고, 누군가는 모르는 병원을 먼저 방문할 것이다. 어떤 병원을 가느냐는 본인의 준비 정도에 따라 다르겠지만, 저자가 추천하는 방법은 특정 진료과목을 먼저 방문하는 방식이다. 추천하고자 하는 진료과목은 치과와 피부과이다.

추천 이유는 다음과 같다:
1. 대형, 중소 제약회사의 주력 진료과목과 겹치지 않는다
2. 경쟁 영업사원이 적다
3. 처음 시작하는 MR에게는 경험을 쌓기 좋다
4. 성공률이 다른 진료과목에 비해 조금 높다

물론 피부과의 경우 질환을 주로 다루는 피부과보다 미용이 주력인 피부과를 추천한다. 치과와 피부과의 경우 앞서 언급한 대

로 경쟁에서 조금 벗어나 있다. 쉽게 말해 제약회사 입장에서는 돈이 안 되고, 들어가는 비용과 시간에 비해 얻을 수 있는 경제적인 이득이 적다. 반면, 1인 영업을 하는 입장에서는 틈새 시장이라고 할 수 있다.

규모가 작기는 하지만 충분히 공략해 볼만한 시장이기도 하고, 경험을 쌓기에는 그만큼 훌륭하다는 장점이 있다. 또한 한번 성공하면 수익이 다른 진료과목에 비해 지속적으로 발생할 수 있다는 장점도 있다.

치과의 경우 처방하는 약이 주로 진통제나 소염제 계열이 거의 전부라고 할 수 있을 정도로 특정 계열에 매출이 집중되어 있다. 따라서 치과 영업을 하려고 할 때, 병원에서 기존에 사용하던 제품이 무엇인지 파악하기가 어렵다면 예상되는 범주에서 최소 2~3가지의 대체 약을 준비해서 가는 것이 좋다.

맨 처음 무슨 말을 해야 할까?

간단한 소개를 한 다음, 말을 이어 갈 내용도 준비해야 한다. 이때 어필할 수 있는 포인트를 확실히 준비하자. 의사가 A약을 사용하고 있다면, B약을 사용하게 되면 환자 입장에서 어떤 비용 절감 효과가 있는지, 대체 약의 임상적인 장점은 무엇인지 등의 자료는 기본적으로 준비해야 한다. 이외에도 어필할 수 있는 부분이 있다면 미리 점검해 놓아야 한다.

1: A군의 사례

A군은 D병원을 방문하여 원장을 만났으나 생각보다 일이 안 풀려서 자포자기한 상태였다. 업무를 종료하고 인사를 하고 나오려는 찰나, 컴퓨터 모니터에 오류가 뜨는 것을 발견했다. 원장은 "이거 계속 뜨네, 미치겠네!"라는 말을 중얼거렸다.

평소 컴퓨터에 관심 많고 잘 다루던 A군은, 그 오류를 해결해 주었고 앞으로 동일한 오류가 나오지 않는 방법을 설명해 주었다. 그렇게 맺어진 인연으로 영업을 꾸준히 이어나갈 수 있었다.

위의 경우는 하나의 좋은 영업 사례지만, 모든 영업을 이런 식으로 우연에 의지할 수는 없다. 자신이 어필할 수 있는 것들을 고민하고, 무엇이든 전략적인 무기로 만들어 보는 것이 중요하다. 병원에 필요한 재능과 능력이 내게도 있을 수 있다.

2: 필자의 피부과 방문 사례

신촌의 피부과 방문 사례이다. 다른 병원장과 학회 동문으로 소개를 받아 간 경우이다. 사실 형식적으로 소개를 받은 경우라, 어떻게 보면 원장과의 약속만 잡았지 처음 영업과 다르지 않았다.

피부과에서 대기하는 동안 병원의 실내 장식과 느낌, 그리고 직원들의 모습(친절한 정도, 복장, 동선, 응대 방식 등)을 살펴보았고 실내 장식 소품 중에 참고할 만한 것을 찾아보았다. 아쉽게도 공감대를 형성할 만한 것은 없었다. 그러던 중 시간이 되어 원장실로 들어갔다.

예상한 대로 원장은 별 관심 없는 자세와 모습으로 필자를 응대했다. 원장의 태도에 이런저런 생각이 들던 찰나, 원장실 내부와 책상을 스캔하였는데, 골프 사진과 골프공과 상패가 눈에 들어왔다. 원장이 앉은 의자 뒤편에는 스윙 도구도 있었다. 어쨌든 안부를 물으며 만남에 대한 이유를 간략하게 소개하였다. 그리고 "원장님 골프 잘 치시는 듯합니다. 책상 위의 스윙 사진 보니 부럽네요."라고 말하며 운을 뗐다. 그러자 원장은 관심을 보이며 "왜요?"라고 물었다. 필자는 "저는 체형 때문인지는 모르겠지만, 스윙이 너무 안 되어서 골프 접을까 할 정도로 고민입니다."라고 대답했다. 그러자 원장은 자세를 고쳐 앉으며 관심을 보였다.

그러면서 스윙에 대한 설명과 골프를 시작한 동기, 연습 과정까지 길게 이야기를 이어갔고, 골프와 관련된 다른 이야기까지 진행이 되었다. 마지막에 원장은 약에 관한 이야기를 먼저 꺼내며 "오늘은 진료 시간 때문에 약 설명을 길게 못 들으니, 내일 다시 방문해 주세요."라는 말을 건넸고, 그 이후로는 순조롭게 영업이 진행되었다.

골프 같은 취미 이외에도, 태어난 지역, 학교, 취미 생활의 공감대만 형성이 된다면 이야기를 쉽게 풀어갈 수 있다.

생각해 보자. 의사들은 하루 8시간에서 10시간 이상을 병원에서만 생활하며 만나는 사람은 대부분 환자이다. 그들의 스트레스를 이해하고 공감대를 형성할 수 있는 사람은 생각보다 많지 않다. 의사 입장에서는 진료실이라는 한정된 공간에서 누군가와 공감대가 형성된다면 이보다 반가울 수는 없을 것이다.

실제로 필자도 취미와 연관된 공감대가 형성되어 일과는 별개로 인연을 이어가고 있는 의사들이 꽤 있다. 어느 순간 영업자와 고객의 입장을 떠나 개인적으로도 많은 도움을 주고 받으며 의사들과 좋은 관계를 유지하고 있다.

수많은 영업 관련 도서에서 강조하는 공감대 형성, 적극적 자세, 업무에 관한 전문지식 보유 등이 모두 틀린 것은 아니지만, 제약 영업에서는 전문 의료인인 의사와 약사를 상대하기에 그들에 대한 심도 있는 이해가 무엇보다 선행되어야 한다.

CSO / CMR 영업 프로세스

사전준비가 되었다면 원장과 만난 다음 어떻게 할까?

1단계: 영업권 확인

앞서 언급한 사전 정보의 필요성이다. 가능하다면 현재 해당 병원이 어떤 제약회사 제품을 사용하고 있는지, 그리고 어느 영업권에 속하는지 확인이 필요하다. 하지만 처음 시작하는 사람의 경우 이런 사항들의 파악 자체가 어렵다. 유대가 있는 병원일 경우 사업자등록번호를 통해 각 제약사에 문의를 해보는 것이 좋다. 하지만 원하는 제약사의 영업권을 취득하지 못했을지라도 낙담할 필요는 없다. 다양한 제약회사의 제품 중, 더 나은 제품, 더 큰 장점을 가진제품, 환자에게 더 좋은 효과를 낼 수 있는 제품을 추천해주면 되기 때문이다.

2단계: 영업

현재 병원이 사용하고 있는 약의 정보를 알았을 경우 대체할 수 있는 약의 정보와 그 약의 장점과 우수성을 설명하는 것이 필요하다. 매년 신제품이 나오기 때문에 새로운 의약품에 관한 지식과 정보가 필수다. 또한 영업을 하면서 제공된 식음료, 샘플, 제품설명회 비용은 컴플라이언스(공정거래) 규약에 맞도록 해야 하며, 미리 정리해 두어야 한다.

3단계: 세팅

원장과 어느 정도 이야기가 끝난 후, 다시 말해 약의 처방을 진행하게 되었을 경우 전자 차트에 약을 세팅하는 것이 중요하다. 전자 차트에 처방 설정을 변경해야 하는데, 이러한 프로세스는 치과, 내과, 성형외과 등 진료과별로 상이하다.

4단계: 준비

의약품 처방을 이끌어 내었다면, 해당 병원에서 가까운 약국에 해당 제품의 준비를 요청해야 한다. 보통 같은 건물 1층에 약국이 있는 경우도 있고, 다수의 약국이 있는 경우도 있으니 꼭 확인해 보자.

5단계: 영업 대행 비용의 정산

약국에 약을 준비시킨 이후 처방 시작한 해당 월에 EDI(처방 근거 자료)를 확인하고 제출한다(당월 1일~말일까지 내역). 몇 달에서 몇 년 동안 꾸준히 의약품 영업을 하고 그에 따른 보상을 받는 것이다. CSO 회사 또는 제약회사 별로 팩스, 이메일, 사진 등 방법이 상이할 수 있으니 미리 확인하는 것이 좋다.

제약영업, CSO를 만나다

의약품 판매대행 계약 방법

영업을 시작했다. 아는 의사를 통해서, 혹은 어떤 루트로든 영업에 성공했다면, 약은 어디서 구할까? 경력직의 경우 일을 하면서 알게 된 제약회사나 의약품 도매상 등이 있어서 어느 정도 고민은 덜 할 것이다.

처음 영업을 시작하는 경우도 제약회사와 연계하거나 도매상을 통해서 거래할 수 있다. 그러나 처음부터 중소 제약회사와 계약을 하는 것이 쉽지 않기 때문에, 도매상과의 계약을 통한 방법이 가장 일반적이다.

도매상과 계약 방법

의약품 도매상이나 제약회사와의 계약은 직접 연락을 통하는 방법이 가장 일반적이다. 의약품 도매상의 경우 인력과 영업망에 대한 니즈가 항상 있어 어렵지 않고, 제약회사의 경우도 대형 제약회사를 제외하고는 마찬가지다. 특히 대형 제약회사의 경우도 모든 지역을 담당할 수가 없기에 거래가 가능은 하지만 처음 시작하는 사람에게는 막막할 수 있다. 이런 경우 앞서 언급한 KCMR 협회를 통해 계약하는 것도 좋은 방법이다. 협회를 통하는 경우, 검증된 의약품 도매상이나 제약회사와 제휴가 되어 있어 최소한의 신뢰가 확보되어 있다는 장점이 있다.

도매상과의 거래는, 어느 한 도매상과의 거래도 좋지만 다양한 도매상과 거래하는 것을 추천한다. 그럼 좋은 도매상은 어떻게 구하는가? 도매상을 선택하는 방법은 도매상의 규모와 거래하는 병원의 규모를 확인하는 방법과, 약에 대한 얼마나 다양한 정보를 제공할 수 있는지를 확인하는 방법이 있다. 거래 방식에 대한 단순성과 복잡성 또한 고려 대상이다. 모든 업종이 그렇듯이, 잘 되는 기업은 거래가 단순하지 않고 시스템화되어 있다. 결제에 관해서도 어떻게 되는지(결제 방식, 결제일 등), 수수료의 적정성 등도 확인해야 하는 부분임을 잊지 말자.

플랫폼 활용 방법

KCMR 협회의 플랫폼을 이용하는 것도 좋은 방법이다. KCMR 협회의 경우 영업을 처음 시작하는 사람들과 경력직을 위해 영업 플랫폼과 도매를 연결하여 세일즈 관리, 마케팅 관리, 제약시장의 정보, 구매 등이 갖추어져 있는 플랫폼을 제공한다.

KCMR은 수십여 제약사의 제품을 온라인 플랫폼에서 계약 관계를 맺고 판매대행 할 수 있는 국내 유일한 플랫폼이다. KCMR 협회 회원일 경우 등급에 따라 온/오프라인 교육, CP 교육은 물론 그 외 유익한 정보가 제공된다.

이러한 부분을 이용하면서 경력이 쌓이면 중소 제약회사들과의 직접적인 계약도 가능하다. 어떤 방법을 선택하든 나의 성향에 맞는, 경쟁력 있는 방식을 선택하기를 바란다.

CSO 영업이란

3대 영업과의 유사점과 차이점

3대 영업 직종이라 하면 보험설계, 자동차 판매, 그리고 제약 영업을 말한다. 그러나 제약 영업은 보험이나 자동차 세일즈와는 조금 차이가 있다.

아무나 할 수 없고, 아무나 만나 영업할 수 없고, 아무나 영업 방법을 배우기도 어렵다. 3대 영업(자동차, 보험, 제약) 중 가장 힘든 분야가 제약 영업이라는 말이 있다. 의약품이 인간의 생명을 다루는 제품인데다, 전문지식을 갖춘 의사들을 상대해야 하기 때문이다. 영업사원과 고객의 격차가 가장 크기 때문이라는 자조 섞인 얘기도 있다. 정보의 격차 뿐만 아니라 연봉 등 사회적 지위에서도 차이가 나기 때문에, 다른 영업 분야처럼 영업사원이 고객에게 친근하게 다가가기 힘들다는 말이다. 영업사원들의 애로사항을 해소하기 위해 제약사들은 나름대로 하드트레이닝 프로그램을 갖추고 있다. 의사들의 돌발 질문에도 척척 답할 수 있을 정도의 의약 지식을 교육하는 것은 기본이고, 의사들과 말문을 트는 법, 병원 방문 매너, 커뮤니케이션 스킬 등도 가르친다.

제약 영업은 영업 분야 중 가장 고난도이기도 하지만, 제약회사에서 가장 좋은 인재상은 역시 성실한 영업사원이다. 현재 많은 사람이 4년제 대학교를 나온 뒤 학교, 학과와는 무관하게 제약 영업에 지원을 하고 있다. 그중 많은 사람이 제약회사 영업사원을 짧게는 1년 이내 길게는 수십 년간 지속해오고 있다.

필자가 현직에 있으면서 오랫동안 영업사원을 관찰한 결과, 제약 영업 분야에서 성공하는 사람들의 공통점은 열정과 '할 수 있다'는 자신감이 높았다는 것이다. 특별히 제약 분야에 기초 지식이 없었던 신입사원들이 1~2달의 제품 교육과 비즈니스 스킬 등 교육을 통해 바로 현장에 투입되고 3달에서부터 신규 병·의원 거래처에 처방을 끌어낸다. 그러면 1년 내에 잘하는 직원과 못하는 직원이 분별이 된다. 본인이 제약회사에서 부여받은 지역의 사장이라는 생각과 목표금액을 설정하고 그를 달성하기 위해 불철주야 노력하는 직원과, 단순하게 직원의 입장으로 회사의 제품을 설명하는 것에 끝나는 직원의 차이가 드러나는 것이다.

일반적으로 자동차는 처음 구매 후 다음 구매까지 수 년이 걸린다. 보험 역시도 가입이 연속적으로 이어지기는 힘들다. 그러나 제약 영업은 한 번 처방이 시작된다면 매월 꾸준하게 처방이 이루어지게 되어서, 안정적으로 관리가 가능하다는 장점이 있다. 단 한

번으로 끝나는 단발성 영업이 아니기 때문에 신뢰와 인간적인 관계 형성이 다른 영업보다 더욱 중요한 게 제약 영업이다.

모든 분야가 그렇듯 상위 10%는 높은 연봉과 수익이 보장된다. 그중에서도 제약 영업사원은 3대 영업 중 최고의 연봉을 자랑한다. 제약 영업은 배울 수 있는 기회가 많지 않다. 사회 초년생으로 제약회사에 입사하지 못한다면 제약업계에 발을 들여놓기는 점점 어려워 진다. 제약업계의 문은 좁다. 1개의 중형급 제약회사가 1년에 1~2번 정도 채용한다. 회사별로 상이하겠지만 1,000명의 입사 지원자 중 단 20명을 선발하는 곳도 있다.

또한 보험이나 자동차 세일즈는 불특정 다수를 대상으로 영업하지만 제약 영업은 특정 소수(의사, 약사)를 대상으로 영업한다. 주로 고학력자들, 지식인과의 비즈니스이기 때문에 여타 영업직보다 비즈니스가 깔끔하다는 장점이 있다. 반면에 특정 인원에 국한되기 때문에 경쟁이 심하고 전문직들과 소통할 수 있는 커뮤니케이션 스킬이 필요하다는 점이 다르다.

현재 국내 의료기관은 3만 개 정도로 추정되는데, 1명의 의사나 약사에 10여 명의 영업자가 있다고 의료계에서는 추정한다. 자동차와 보험 영업은 남녀노소 누구나 판매할 수 있고 대상 거래처도 정해져 있지 않은 반면, 제약 영업은 특정인들만 가능한 상황이다. 하지만 이제 제약 영업도 교육을 받을 수 있는 기회와 영업을 할 수 있는 기회가 누구에게나 열리고 있다.

제약사 영업사원과 의사는 상호 의존적인 관계에 있다. 의사는 약을 처방하고 약은 약국에서 조제하고 그 의약품은 제약사 영업 사원이 공급하고 설명한다. 처방권이 의사에게 있기에 모든 영업 역량이 병/의원에 집중되지만, 실제 판매는 약국에서 이루어지므로 약국 관리도 필요하다. 실제로 영업에 필요한 많은 정보를 약국에서 얻을 수도 있다.

성실한 사람이 성공할 수 있는 제약 영업의 세계

일단 모든 의사는 현재 사용하고 있는 계열의 약이 있을 때는 별다른 불편함을 느끼지 못하기에, 새로운 약으로 바꾸는 것을 꺼리지만 새로운 의약품 관련 정보에는 관심이 많다.

하지만 국내 제약사 제품은 복제약(카피품)이 많고, 수많은 경쟁사가 영업을 하고 있다. 그 말은 선택의 폭이 넓다는 뜻이고, 언제든지 나의 능력과 노력에 따라 충분한 기회가 될 수 있다는 뜻이기도 하다.

영업 판매 구조의 변화

3대 영업 판매의 구조는 직영에서 점차 영업사원의 판매대행으로 변화하고 있다.

영업 판매 구조의 변화(자동차 영업)

3대 영업(자동차 영업, 보험 영업, 제약 영업) 중 자동차 영업은 가장 먼저 우리나라에서 변화를 했다. 자동차 회사에서 영업사원을 직영으로 운영하고 판매하다가, 지금은 일부만 직영으로 운영하고 나머지는 대리점에 소속된 영업사원을 활용해서 판매하기 시작했다. 자동차 회사는 2000년대 이전부터 본사에서 일부 조직만 직영으로 관리하고 나머지 영업점은 대리점 형태로 분리했다. 현재 직영 영업소는 다음 표와 같이 소규모 인원으로 운영된다. 주변의 영업사원들에게 외제차를 살 수 있는 것도 직원들이 회사 소속이 아닌 프리랜서로 변화되었기 때문이다.

제약영업, CSO를 만나다

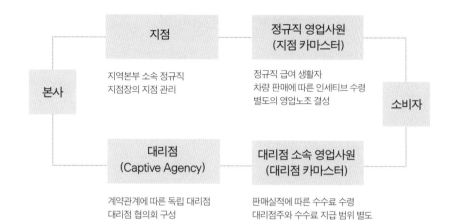

본사

지점

지역본부 소속 정규직
지점장의 지점 관리

정규직 영업사원
(지점 카마스터)

정규직 급여 생활자
차량 판매에 따른 인세티브 수령
별도의 영업노조 결성

소비자

대리점
(Captive Agency)

계약관계에 따른 독립 대리점
대리점 협의회 구성

대리점 소속 영업사원
(대리점 카마스터)

판매실적에 따른 수수료 수령
대리점주와 수수료 지급 범위 별도
책정 및 계약
대리점 카마스터 노조 결성

* 전국 카마스터의 숫자는 약 1만 1천여명 정도(지점, 대리점 포함)
* 지점, 대리점에 상관없이 전국 동일 가격, 동일 판촉행사(해당월의 할인율 등) 진행

영업본부

국내영업본부

15개 지역본부

특판팀

해외영업본부

기획실

국가기관
 – 국방부
 – 경찰청
 – 조달청 등
대형 렌터카사
대형 캐피탈사 등
특별 대형 고객

	지점	대리점
서울	89	83
인천	18	20
경기	77	80
강원	18	15
충남	18	15
세종	1	0
대전	10	11
충북	13	12
경북	27	22
대구	19	22
경남	31	24
울산	11	8
부산	25	20
전북	16	14
전남	21	15
광주	11	11
제주	8	6
계	413	378

* 지점: 직영 영업소
* 대리점: 독립판매 영업소

영업 판매 구조 변화 (보험 판매)

보험도 마찬가지다. 자동차 영업과 같이 한 보험회사에 소속이 되지 않고 여러 보험을 판매하는 중간 영업 대리점이 등장하였다. 소비자들은 여러 회사의 상품을 한 곳에서 선택할 수 있게 되었다.

TV에서 나오는 굿리치와 같은 보험 비교 사이트 등도 이에 속한다. GA(General Agency:독립보험 대리점)를 통해 영업사원들이 영업을 하는 것이다. (미국이나 유럽에서 시행하는 선진 영업 형태를 2000년대 초부터 국내에서도 시행하고 있었으나, 일반인들에게는 잘 알려지지 않았다.)

제약영업, CSO를 만나다

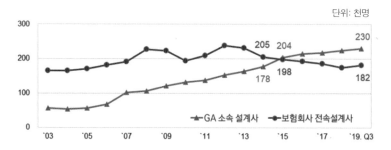

단위: 천명

자료: 금융감독원 보도자료(2019.4.25), 2018년 중대형 법인보험대리점(GA) 경영실적 등

앞서 언급한 자동차 영업과 보험 영업은 2000년 초부터 2022년까지 22년간 회사 내부 직원을 활용한 영업 형태에서 아웃소싱 형태로 변화한 것을 알 수 있다. 그럼 제약 영업은 어떠할까?

영업 판매 구조의 변화(제약 영업)

국내 자동차 영업을 시작으로 보험업계도 마찬가지로 영업점을 직영에서 대리점으로 바꾸고, 상품 판매를 위탁 대리점에 운영하도록 하였다. 그 이유는 인건비와 관리비 등의 비용이 선진국 수준으로 올라가면서 효율성에 대한 고민이 있었기 때문이다. 외주 영업형태는 인적 관리에 많은 장점이 있고, 비용도 줄일 수 있다.

제약업계도 같은 맥락으로 직영 영업사원의 운영을 지속하기보다는 대리점을 활성화시키고, 상품 판매는 위탁 대리점에 운영되는 방향으로 급격하게 바뀌고 있다.

2000년대 초 제약 업계도 영업을 외주화하려는 시도가 있었다. 외국계 제약회사가 국내 제약회사에게 영업 판매 권한을 넘기는 것으로 출발했다. 2000년대 초 의약분업 시 미국, 유럽, 일본 등의 제약회사들은 한국에 본사를 두었지만, 영업사원을 뽑기보다는 국내에 많은 제약사의 영업사원들을 활용하여 효율성을 높이려 노력했다.

인력 관리 비용 등을 계산하고 그에 맞는 비용만 국내 제약사 영업비용으로 주면 끝이었다. 영업사원을 많이 뽑아 관리하면서 리스크를 안고 가는 대신 안전한 방향을 택하고, 오리지널 특허 만기가 끝나는 20~30년 뒤도 생각했다.

또한 2000년대 초 국내에서는 CP(컴플라이언스)가 전무해서 영업이 혼탁한 상황이었기 때문에, 외주를 주는 것이 리스크를 줄일 수 있었다. 2000년대 이후로 국내 제약사들은 높은 인건비와 관

제약영업, CSO를 만나다

리비, CP로 인한 마케팅 방법의 한계로 인해 고성장이 어려워졌다. 해외 제약회사들이 2000년대 초 국내 영업인력을 활용했듯, 현재는 CSO 영업력을 활용하여 고정비를 줄이고 효율을 높이려 하는 시점에 놓여 있다. 현재는 대부분 교차 판매가 가능한 형태로 영업이 진화하고 있다. 국내 3대 영업 중 가장 변화가 느렸던 제약 영업 또한 마찬가지다.

앞서 언급한 영업 대리점 형태의 영업사원은, 어느 한 곳의 회사에 소속되어있지 않다 보니 개별 역량과 노하우에 따라 판매량의 차이가 크게 난다. 또한 소비자가 원하는 제품을 찾아주고 그에 대한 수수료를 받고 있으며, 억대 연봉 이상의 사람들도 많이 등장하게 되었다.

3대 영업군 모두 직영으로 시작하다 대리점 형태로 운영하고 이후에는 영업사원들의 교차 판매를 하며, 일부는 엄청난 연봉을 달성하기도 했다. 대부분은 프리랜서로 영업을 하는 형태였다.

그런데 제약회사 영업의 형태가 가장 늦게 변한 이유는 무엇일까? 보험회사의 경우, 직원이 가족이나 지인에게 영업을 해서 보험계약이 체결된 이후 직원이 퇴사를 해도 큰 손해를 보지는 않는다. 직원이 퇴사를 해도 보험은 계속 납입을 해야 하기때문이다.

자동차 영업 또한 마찬가지이다. 판매를 하고 퇴사를 해도 회사는 손해를 보지 않는 구조이다. 제약회사의 경우도 마찬가지였다. 그러나 제약회사에게는 문제가 있다. 영업사원이 기존에 관계가 좋은 거래선(병의원)의 영업력을 가지고 퇴사를 하기 때문이다. 보험 영업과 자동차 영업은 단타성 영업에 가깝다. 계약 관계를 맺는다면 더 이상 관리를 하지 않는 영업사원들이 대다수이다. 그러나 제약 영업은 다르다. 관계를 수년간 지속하며 영업 이외에 인간적인 관계를 맺는 경우가 많기 때문이다. 얼굴을 마주보며 이야기 나눈 시간도 한 달에 적어도 2~3번, 1년에 20~50번 이상이 된다. 10년을 담당했다면 최소 500번 이상 만난 사이가 된다. 그래서 처음 영업의 시작은 제약회사의 네임밸류가 주는 신뢰가 바탕이 되었지만, 시간이 흐르면 영업사원의 영향력이 더 커진다. 제약 영업은 다른 영업보다는 그 신뢰를 쌓을 수 있는 시간이 많다. 만남과 신뢰의 기간이 중요한 게 제약 영업이다. 그래서 제약 영업은, 영업 사원 입장에서는 이직을 하는 것도 쉽고, 퇴직 후에도 CSO를 할 수 있다는 큰 장점을 가진다.

이렇듯 수년간 영업을 통해 좋은 관계를 맺을 수 있다는 점은 제약 영업만의 장점이지만, 동시에 단점이기도 하다. 장점은 길게 신뢰를 쌓아 퇴직 후에도 타 회사의 제품을 팔 수 있다는 것이지만, 단점은 오랜 신뢰의 시간이 필요하다는 것이다.

고객과 서너 번의 만남을 통해 의약품을 완벽히 홍보하기란 거의 불가능하다. 제품에 대한 믿음은 영업사원에 대한 믿음과도 같기 때문이다. 구매자 입장에서는 제약회사나 의약품에 대한 믿음과 동시에 영업사원의 전문성에 대한 신뢰가 선행되어야 하는 것이다.

이렇듯 영업을 위한 전문성을 갖춰야 하고 영업을 하는 데 시간도 많이 필요하지만, 제약 영업은 한 번 관계를 잘 맺으면 꾸준한 수익을 기대할 수 있다는 큰 장점이 있다. 이는 분명 보험과 자동차 영업과는 차별화되는 포인트다. 게다가 전문직(의사,약사)들과 소통을 하면서 그들에게서 여러모로 배우는 점들 또한 많다는 점은 제약 영업만의 또 다른 매력이다.

제약 영업의 새로운 단어 CMR

MR은 제약사의 MR과 CSO 내에 속하는 CMR(contract MR), 이렇게 두 가지 형태로 구분된다. 제약회사는 영업사원(MR)을 직접 고용해서 마케팅을 홍보하고 병·의원 영업을 직접 해오고 있다. 제약 영업 CSO는 제약사와 판매 용역 계약을 체결한 후 제약사의 의약품에 대한 급여정보 및 학습 정보를 전달해서 원외 처방이 이루어지도록 하여 매출로 연결하는 역할을 하는 회사를 뜻한다. 그리고 CMR은 CSO와 계약 관계로 함께 일하는 개인 사업자라고 생각하면 된다.

국내 CSO 시장은 1.5~2조 원 규모로 추산되며, 법인 CSO 400개, CMR 2,000명 이상으로 추산하고 있다. 정확한 데이터가 아닌 이유는 아직 제약 CSO의 경우 전문의약품 도매업처럼 허가제가 아니고, 업태, 업종도 지정되어 있지 않기 때문이다.

앞으로 CSO에 대해서 의약품 공급 대상자로 분류하고, CMR에 대해서는 자격증을 취득한 사람만 활용하게 하자는 움직임이 있다. 이에 현재는 제약바이오협회의 MR 자격증과 KCMR 협회 CMR 자격증이 있다.

전체 원외 처방 시장에서 CSO의 점유율은 북미, 유럽, 일본 수준에 근접했지만, 설립이 자유롭고, 의약품 공급 대상자로 분류되지 않다 보니 영세한 CSO 업체들이 난립하게 되고, 이에 따라 CMR에 제대로 된 학습정보, 유통정보, 보험정보가 전달되지 않는 경우가 많다.

"교육의 위대한 목표는
앎이 아니라 행동이다."
_ 허버트 스펜서

PART. III

영업 마케팅 전략으로 승부한다

제약 마케팅과 영업

제약 영업과 마케팅의 차이는 무엇일까? 제약 영업과 마케팅을 따로 분류한다는 것은 크게 의미가 없을 수 있지만, CSO를 준비하는 입장에서는 어느 정도의 큰 그림을 이해할 필요가 있다.

영업과 마케팅은 궁극적으로 판매 증진이라는 목표를 설정하는 측면에서는 같다. 그러나 영업은 채널이나 매체를 통해 제품을 판매하는 세일즈적인 측면이 바탕이 되는 반면, 마케팅은 약에 대한 홍보와 PR 또는 평판을 높이는 작업이 그 기반이 된다.

대형 제약회사의 경우 홍보실과 영업부가 구분되어 있어 상호 보완적인 역할을 수행하고 있다. 그러나 CSO는 두 가지의 역할을 모두 수행해야 한다. 따라서 CSO를 준비하는 입장에서는 이 둘을 합쳐진 영역으로 생각하는 것이 옳다. 옴니 채널을 참고해야 하는 이유도 바로 이런 이유 때문이다.

이제 영업을 위한 마케팅 툴과 방식에 관한 이야기를 하고자 한다. 간단하게 분류하면 다음과 같다.

제약 마케팅이란?

현재 우리나라는 대형 제약회사 중심으로 플랫폼(회사 홈페이지 또는 커뮤니티 채널)을 통해 학술 서비스와 경영 서비스 등의 다양한 정보를 제공하고 있다. 온라인을 통한 세미나와 드라이브 스루를 진행한 'GSK 드라이브 스루 심포지엄' 또한 제약 마케팅으로 분류할 수 있다.

우리나라 제약 영업은 미국이나 일본의 방식을 따라 시작했으며 지금까지도 그 영향을 받고 있다. 미국 영화나 일본 드라마에서 등장하는 영업 방식을 보면 우리나라의 방식과 대동소이하다. 최근들어 달라진 점은 코로나19라는 전 세계적인 팬데믹으로 온라인 시장의 확대와 함께 제약 영업의 마케팅과 세일즈 구조가 변화하고 있다는 사실이다.

그 대표적 사례가 옴니 채널이다. 옴니 채널은 모든 것을 뜻하는 옴니(OMNI)와 채널(CHANNEL)의 합성어로 사전적 의미로는 소비자가 온라인, 오프라인, 모바일 등의 다양한 채널을 통해 상품을 검색하고 구매를 하는 서비스이다. 여기서 멀티 채널과 혼동을 할 수 있는데, 제약 영업 기준에서 멀티 채널과 옴니 채널은 다른 의미이다. 둘 중 무엇이 좋거나 나쁜 문제가 아니다.

멀티 채널은 방문, 웹사이트, 전화, 소셜커머스 등을 활용하는 세일즈 마케팅 활동이라면, 옴니 채널은 멀티 채널과 같은 방식을 사용하지만 좀 더 통합적이고 연계되는 상황과 환경에 따라 변할 수 있다는 특징이 있다. 다시 말해 한 방식만 사용하여 접근하는 것이 아닌, 모든 채널이 구매자를 위해 서로 협조하여 움직이는 방식이라고 생각하면 된다.

다음으로 옴니 채널을 활용한 방법을 살펴보자. 옴니 채널을 활용한 예는 다음과 같다. (방문과 전화를 통한 영업과 구매 확인, 배송을 했던 기존의 방식과 비교해 보자.)

국내의 한 제약회사는 회사에서 의학 정보 사이트를 만들어 고객을 회원으로 가입시켰다. 코로나19로 인한 병원 방문에 제한이 있는 상황에서 지속적인 영업 관리가 필요했기 때문이다. 웹사이트를 통해 온라인으로 고객과 병원에게 도움이 되는 콘텐츠를 제공하였으며, 문자와 메신저로 필요한 부분을 확인하고 방문 예약까지 진행할 수 있었다.

위의 사례처럼, 한미약품, 대웅제약 등의 대형사들은 자체적인 웹사이트를 제작하여 운영하고 있으며, 유사한 기능을 갖추어 운영하는 회사로는 메디게이트 등이 있다.

영업을 하는 입장에서 중요한 점은 '대형회사를 내가 어떻게 이겨?'라는 생각을 가지면 안 된다는 것이다.

이러한 환경 변화를 빠르게 파악한 몇몇 제약 영업사원이나 CSO 영업사원의 경우, 플랫폼을 자체적으로 만들거나 다른 매체 (블로그, 개인 홈페이지, 카페 등)를 운영하고 있다. 바로 이런 사례들을 CSO를 준비하는 여러분들이 주목해야 한다.

제약영업, CSO를 만나다

대형사가 제공하는 콘텐츠들도 개인이 조금만 노력하면 따라잡을 수 있는 것들이 상당수다. 또한 개인들도 얼마든지 인맥과 역량에 따라 차별화된 콘텐츠를 제공할 수 있다. 생각해 보자. 메신저로도 송금이 가능한 시대이다. 개인이라고 못할 이유는 전혀 없다. 옴니 채널이든 멀티 채널이든 중요한 건 본인의 차별화 포인트를 찾는 것이다.

영업적인 스킬이 다소 떨어지는 대신 다양한 콘텐츠를 제공할 수 있다면, 이 또한 충분한 경쟁력이 될 수 있다. 대기업이 제공하는 서비스가 광범위하고 많다면, 본인은 선택과 집중을 통한 콘텐츠를 제공하면 된다. 대형 할인점이 있다고 해서 동네 편의점이 장사가 안 되는 것은 아니다.

대형 할인점에서 파는 물건을 편의점에서 모두 구비해 놓지 못했다고 할지라도, 편의점은 나름대로의 장점(편의성, 접근성, 다양한 프로모션 등)이 있다. 제약 영업도 똑같다. '할 수 있다'는 자신감을 가지고, 대형 제약회사와 CSO 영업을 시작하려는 본인과의 장단점을 잘 생각해 보자.

제약 영업 vs 3대 영업: 유사점과 차이점

제약 영업에 관심 있는 사람들이 물어보는 것 중 하나가 '제약 영업은 어떤 사람이 하면 좋을까요?'라는 질문이다. 이런 질문을 받을 경우 필자는 두 가지의 대답을 한다. 첫 번째는 '누구나 할 수 있다'는 답변이다. 대형 제약회사를 비롯한 대다수 제약회사에서는 전공과 관계없이 인재를 채용한다. 제약 영업은 전공이 있는 것도 아니다. 두 번째는 '무슨 일을 해도 잘하는 사람이 되어라'는 충고이다. 영업이나 마케팅은 해보기 전까지는 누가 잘하게 될지 아무도 모른다. 일 잘하는 사람이 영업도 잘한다. 제약 영업은 누구나 할 수 있고, 일 잘하는 사람은 제약 영업도 잘할 수 있다.

그런데 제약 영업에 대해 조금이라도 관심이 있는 사람이라면, 조금은 다른 방향성을 갖고 질문을 해본다면 어떨까 하는 생각이 든다. 어떤 사람이 하는 것이 좋을지에 대한 질문보다는, '일을 시작하기로 했다면 갖추어야 할 능력과 역량이 무엇일까?'라는 질문을 해보는 것은 어떨까?

제약 영업을 하기 위해서는 어떤 능력과 역량을 가져야 할까? 필자 역시 그 답을 얻고자 관련 서적도 많이 읽고 검색도 많이 했다. 많은 이들이 꾸준함, 성실함, 시장에 대한 이해, 전략적 사고, 목표 지향적 사고 등이 필요하다고 말한다. 물론 틀린 말은 아니다. 그러나 이는 영업을 위해서만 필요한 요소라기 보다는, 인생을 살아가는 데 있어서 필요한 능력과 역량이다.

이제부터는 제약 영업을 준비하거나 영업 역량을 강화하고자 하는 사람들에게 일반론이 아닌, 실질적으로 도움이 될 수 있는 사항들을 이야기하고자 한다.

제약 영업인의 필수 지식 및 자세

제약영업, CSO를 만나다

첫째. 제약과 병원 시장에 대한 전문가가 되자

주요 고객인 의사나 약사를 상대하기 위해서는 제약 분야의 트렌드가 무엇인지, 의료법이 무엇인지, 제약회사 동향 정도는 알아야 한다. "전 약만 파니까 관심 없어요"라는 말은 곧 능력이 없다는 말과 같다. 어렵지 않다. 요즘 세상에 뉴스는 차고 넘친다. 매일 시간을 투자해서 뉴스와 관련 사이트(대형제약회사의 홈페이지, 의료정보 사이트 등)를 꾸준히 살펴본다면 전문성을 키울 수 있다.

둘째. 기본 용어는 필수로 섭렵하자

기본적으로 의사나 약사가 많이 사용하는 용어와 단어 정도는 알아야 한다. 적어도 OS, NS가 무엇인지는 알아야 그나마 이야기라도 할 수가 있다. 만약 원장을 만나서 "원장님 그게 뭔가요?"라고 묻는다면, 스스로의 무식함을 떠들고 다니는 것과 같다.

셋째. 차별화 시켜라

개개인의 능력은 다르다. 영업 스킬이 뛰어난 사람도 있고 다른 능력(분석력 등)이 뛰어난 사람도 있다. 처음 만남에서도 관계를 십년지기처럼 만들어버리는 능력이 있는 사람도 있고, 커뮤니케이션 스킬은 부족하나 주변에 의사가 많은 사람도 있다. 커뮤니케이션 스킬이나 인맥 모두 능력이다. 다른 사람이 가진 무엇인가를 부러워하기 전에 본인의 능력을 찾아서 차별화시키는 노력을 해야 한다.

시대가 바뀌면서 영업방식 또한 진화하고 있다. 멀티 채널, 옴니 채널 등을 설명했듯이, 인맥도 부족하고 영업 스킬이 뛰어나지 않다면 본인만의 차별화 포인트를 만들어라. 본인의 채널을 만들어서 영업으로 연결하는 방법도 있고, 인맥이 의료 분야에 있다면 이를 활용하는 것도 차별화가 될 수 있다. 다음 예를 읽어보면 이해가 될 것이다.

의료 소모품을 영업하는 영업사원 K는 평소 격투기에 관심이 많았다. 평소 꾸준히 운동을 해오다가 어느 순간 이를 활용하기 위해 '격투기를 좋아하는 의료인의 모임'이라는 온라인 카페를 개설했다. 엄청난 인원이 모인 것은 아니었지만, 의사들이 상당수 포진해 있었다. 같은 취미를 가진 사람들이 모인 상황에서, 수십 명이 의사이고 K 혼자 영업사원이다. 더 이상 설명이 필요할까 싶다.

또 다른 예가 있다. 오랜 기간 회계사 사무실에서 일한 경험이 있는 E는 제약 영업을 시작한 이후, 자신의 주특기를 살려 의료인을 대상으로 세법에 대한 정보를 제공하고 온라인으로 상담을 진행해 주었다. 그런 인연을 통해 제약 영업과 병행하여 CSO 영업을 진행하고 있다.

이런 비슷한 사례는 너무나 많다. 영업 스킬이 떨어지면 어떤가? 인맥이 없으면 어떤가? 내가 할 수 있는 것을 찾으면 된다. 정말 중요한 제약 영업의 역량과 능력은 내가 어떻게 만드는가에 달려있다. "어떻게 접근하고 어떻게 차별화하고, 어떻게 연결할까?"를 늘 고민하고 연구하면 된다.

성공을 하려면 성실과 꾸준함, 시장에 대한 이해 등은 기본이며, 이를 바탕으로 자신의 역량을 강화해 타인과 차별화 시킬 수 있어야 한다. 의지만 있다면 누구나 할 수 있고 성공할 수 있는 분야가 제약 영업이다.

제약 영업과 제약 판매대행 영업의 차이점

제약 영업과 판매대행의 가장 큰 차이점은 지원 부서의 존재 여부이다. 제약 영업을 할 경우, 회사에는 부서별로 마케팅을 해주는 부서, 통계를 통해 실적을 관리해 주는 부서, 임금을 계산해 주는 부서 등이 있어 영업에 다양한 지원을 받을 수 있다. 그에 반해 마케팅 판매대행 영업은 대부분의 업무를 혼자서 해결해야 한다. 세무부터 실적 분석에 이르기까지 혼자서 해결해야 하기 때문에 1인 판매대행 영업사원들은 어려움이 많다. (판매대행의 경우 품목 교육부터 CP 교육, 처방 근거 자료 입력 등의 업무를 혼자서 해나가야 한다.)

이런 어려운 점들을 해결해 주는 업체가 바로 CSO이다. 하지만 현재 그들은 수수료의 개념으로 전체 금액에서 수익을 일정 부분 떼어간다. 이런 수수료는 전체 금액이 늘어나면 늘어날수록 수십에서 수 백만 원에 이를 수 있다. 그러한 수수료는 온라인 플랫폼을 이용하여 없앨 수 있는데, 온라인 플랫폼의 경우 제약회사와 판매대행 영업사원의 직접적인 계약을 이행해주고 불필요한 업무와 교육을 대행해 주기도 한다. '프로엠알'이라는 온라인 플랫폼을 활용한다면 제약 영업을 하는 데 있어서 여러 가지 도움을 받을 수 있다.

에피소드 #1: 영업력이 된다면 빨리할수록 이익

김OO 과장 – 8년 제약 영업 후 2015년 CSO 진행

6년 전, 영업 순위 1~2등을 오가던 동기가 갑자기 회사를 그만두겠다고 했다. 그가 한 달에 성과급으로 가져가는 돈만 해도 수백만 원이었기 때문에 직원들은 모두 그의 결정을 의아해 했다.

그때 필자는 처음 CSO라는 단어를 듣게 되었다. 그 친구가 내게 빨리 회사를 그만두고 독립하라는 말을 했을 때에도 나는 그의 말이 전혀 공감되지 않았다. 제약사에서 넉넉한 성과급을 받으며 잘 지내고 있었기 때문이었다. 그 이후에도 그는 몇 번이나 CSO의 장점을 언급했다. 하지만 나는 당시 선배들의 말처럼 CSO가 금방 없어질 영업 형태라고 생각했다. 그러나 결과적으로 그 동기는 경북에서 개인 제약 영업(제약 영업 마케팅 대행)을 하면서 연간 10억 원 이상을 버는 자산가가 되었다.

돌이켜 생각해보면 불법적인 영업이라고 혼자 판단하고 시도조차 하지 않은 내가 어리석었다. 지금은 다수의 제약회사가 영업 대행을 의뢰하고자 노력하고 있고, 사람들의 판매대행의 이해도도 높아지고 있다. (지금도 CSO는 불법이라고 생각하는 제약회사도 있지만 말이다.)

방법은 간단하다. 현재 영업하는 방식을 그대로 하되, 회사에

제약영업, CSO를 만나다

소속되지 않고 프리랜서로 뛰면 된다. 이럴 경우 회사에 얽매이지 않아 시간을 자유롭게 활용할 수 있고, 마감 스트레스를 받지 않아도 된다. CSO는 선진적인 영업 형태이고 CSO가 자리 잡아 가는 것은 의료 시장의 숙명이다. 2000년대 초 의약분업 시에 수많은 도매상이 만들어졌듯이, 2021년 불과 1~2년 사이에 수많은 CMR(판매 대행 영업사원)이 생기게 된 것은 모두 같은 이치이다.

에피소드 #2: 영업력이 된다면 빨리 시작할수록 이익

이OO: 대리 4년 제약회사 근무 후 2019년 CSO 진행

그 뒤로도 신입사원들은 매년 20명씩 충원되었다. 그중에 눈에 띄는 직원이 있었다. 그는 신입사원 중에 가장 많이 신규 거래처 개척을 해왔는데, 뭔가 다른 방법으로 영업하는 직원인 듯 보였다. 알고 보니, 그는 전 직장의 디자인실 근무 경험을 바탕으로 차별화된 영업을 하고 있었다. 개원하는 의사를 만나서 병원 로고 디자인을 해주고 실내 디자인에 관해 조언해 주는 식이었다. 그러면서 자신이 가지고 있는 지식과 남다른 경력으로 의사들에게 호감을 샀다. 그 후배 역시 4년쯤 영업을 하다가 CSO의 길로 들어갔다. 지금은 연 매출이 100억 정도 된다고 한다. 그의 성공 또한 본인만의 방식을 개발하여 영업에 적용시킨 결과다. 결국 그는 의사들의 호감을 사는데 성공했고, 이를 기반으로 제약 회사에 소속되지 않은 채 지금까지 제약 영업을 진행하고 있다.

최00 선배: 12년 제약회사 근무 후 2017년 CSO 진행

한 지역에서 오랜 기간 영업을 진행한 선배가 있었다. 유독 그 지역 담당을 오래 했고 매출 볼륨도 커서 그 지역의 지점장까지 역임한 선배였다. 지점장으로 근무할 때에도 매출이 좋아 타 지점장들에게 부러움을 샀을 정도였다. 승진도 어렵지 않게 했다. 하지만 어느 날 돌연 사직하고 CSO를 진행했다. 필자와 함께 제약회사 임원의 꿈을 꾸었던 선배였던지라 필자는 아쉬운 마음이 들었고 그의 결정이 이해가 되지 않았다.

그러나 지금 생각해 보니 그 결정은 올바른 선택이었다. 지금 그 선배는 매월 1천만 원 이상의 순수익을 벌어들이고 있다. 그러면서 시간을 자유롭게 활용할 수 있는 장점을 활용해 주식투자와 낚시를 취미로 하고 있다. 그 선배는 돈을 더 벌 생각은 없고 현상 유지와 함께 워라벨을 실천하고 싶다고 했다. 그는 매출을 더 늘릴 수 있는 능력이 충분히 있지만, 돈보다는 여유로운 삶을 선택했다.

에피소드 #3: 사소한 인연도 소중히

필자의 동문 중에 경기 북부 지역에서 병원의 행정원장을 하면서 병원 경영지원 회사를 운영하는 지인이 있다. 그 병원은 지역에서 가장 큰 병원이며, 병원 내에 다양한 시설(장례식장, 편의점, 커피숍)이 들어서 있는데, 그가 이러한 시설의 운영도 함께 하고 있다. 병원 경영지원 회사를 통해서는 병원에 의료기기와 소모품을 공급하며, 병원의 경영, 행정, 세무 등의 업무도 진행하고 있다.

그 동문의 회사 매출만 연간 수십억 원을 상회한다.

그의 경우 처음부터 큰 병원에서 업무를 시작한 것이 아니었다. 현재의 대표원장과 개인 병원의 원장과는 제약회사의 직원으로서 만났는데, 서로의 비전이 통했던 것이다. 그렇게 함께 손을 잡고 노력하여 병원을 경기 북부 지역에서 가장 큰 병원으로 성장시켰다. 그의 회사는 현재 인근 병원들의 경영지원까지 진행하고 있어 매출은 상승세에 있다. 그의 성공은 제약회사 지원으로 일하면서 알게 된 인연을 더욱 발전시킨 케이스이다. CSO영업도 이와 같은 맥락이다. 그런데 이런 에피소드를 주변에 들려주면 몇몇은 다음과 같은 반응을 보인다.

"제약회사 직원이어야 가능한거 아니야?"

"운이 좋았네!"

"그런 원장 찾는게 쉽나?"

이런 생각을 하는 사람들에게 들려주고 싶은 말이 있다. "안되는 사람은 안되는 이유부터 찾는다"라는 말이 그것이다. 필자의 지인은 어떤 생각을 했을까? 그는 가능성을 보고 도전했고, 그만큼 노력했기에 성공을 이루었던 것이다. 물론 실패의 가능성 또한 인지하고 도전했을 것이다.

마음이 맞는 원장을 찾는 것도 능력이고 운이다. 결정을 내리고 노력하는 것 또한 능력이며 운이다. 기회가 올 때까지 매일 최선을 다하는 것이 중요하다. 필자의 지인도 작은 인연을 소중히 생각하면서 하루하루의 삶에 최선을 다했기에 결과적으로 성공한 것이다.

우리나라에는 매년 800여 명 정도의 의사가 배출된다. 의사는 정년이 따로 있는 직업이 아니기 때문에 매년 전체 의사의 수는 늘어난다. 그에 따라 수도권 지역 병원의 수도 증가할 수밖에 없다. 이것을 기회로 생각하고 매일 만나는 인연을 소중히 여기고 노력한다면, 제약 영업과 관련한 비즈니스의 기회는 지속적으로 생겨날 것이다.

CSO 영업을 위한 진료과별 질환의 이해

의약품 영업에 있어서 진료과별 질환의 이해는 무엇보다 선행되어야 한다.

진료과별 주요 질환의 이해

대표적인 질병과 진료과에 대한 소개를 하고자 한다. 제약 영업사원이 진료과 뿐만 아니라 주요 질환에 대해 숙지해야 하는 이유는, 병의원에서 채택 가능성이 있는 품목을 제대로 설명하였느냐의 여부에 따라 영업의 성공 여부가 결정되기 때문이다. 또한, 특정과에 어떤 약을 디테일해야 하는지 기본적으로 알고 접근을 해야 하기 때문이다. 적어도 이비인후과나 소아과에 가서 혈압약의 장점을 설명하지는 말아야 한다.

연세대학교 산학협력단이 최근 건강보험공단에 제출한 연구용역 보고서에는 건강보험 자료를 통한 환자 수, 내원일수, 진료비가 조사되어 있다.

내원일수 TOP3 상병(상위 20개 상병 대비 점유율)			
표시과목	1위	2위	3위
내과	본태성고혈압(18.3%)	급성기관지염(12.0%)	인슐린비의존당뇨(6.7%)
소아청소년과	급성기관지염(31.9%)	알레르기성비염(6.4%)	급성상기도감염(5.9%)
이비인후과	급성기관지염(13.0%)	급성부비동염(8.8%)	급성편도염(8.1%)
정형외과	등통증(13%)	무릎관절증(11.5%)	기타추간판장애(6.1%)
안과	결막염(19.1%)	눈물계통의장애(11.2%)	각막염(8.6%)
산부인과	정상임신의관리(17.8%)	질및외음부기타염증(15.9%)	자궁경부염증성질환(9.5%)
피부과	알레르기성접촉피부염(23.3%)	두드러기(9.3%)	자극물접촉피부염(5.8%)
외과	본태성고혈압(6.5%)	등통증(6.4%)	무릎관절증(4.4%)
비뇨기과	전립선의증식증(21.2%)	방광염(12.7%)	전립선의염증성질환(6.5%)
마취통증과	등통증(20.0%)	어깨병변(9.8%)	무릎관절증(9.5%)
성형외과	머리의 열린상처(43.7%)	머리의 표재성손상(4.3%)	알레르기성 접촉피부염(3.5%)
정신건강과	우울병에피소드(25.4%)	기타불안장애(18.0%)	비기질성수면장애(8.4%)
가정의학과	본태성고혈압(10.5%)	급성기관지염(9.9%)	등통증(9.4%)

[표] 의료 표시과목별 다빈도 상병 현황(내원일수 기준)
(연세대산학협력단 연구보고서 – 헬스포커스뉴스 재구성)

위의 표는 표시과목별로 진료가 집중되는 질병의 유형*을 규명하였는데, 결과를 살펴보면 내과나 소아청소년과 등 일반적인 보험이 적용되는 과목에 대한 질병은 쉽게 수긍할 수 있다. 하지만 성형외과나 피부과를 보면 "이런 게 순위에 있어?"라는 생각이 들 수도 있다. 그런데 앞서 언급했듯, 이 조사는 건강보험공단 자료를

*한국표준질병사인분류 본분류 기준

기준으로 작성된 것이다. 즉, 우리가 내는 의료보험이 적용되는 자료를 근거로 만들어졌기 때문에 피부과에서 보톡스를 맞거나 점을 빼는 시술은 건강보험공단과 무관한 비급여 진료로 데이터에 집계가 되지 않는다.

내과의 경우 본태성고혈압, 급성기관지염, 인슐린비의존당뇨가 각각 1위~3위로 나오는데, 이를 통해 우리는 해당 질병과 관련된 약들을 병원 영업에 있어서 가장 우선시 해야 된다는 것을 추론해 볼 수 있다.

일반적으로 혈압약만 단독으로 처방하는 병원은 없다. 대부분 환자의 상태에 따라 혈압약과 함께 고지혈증, 아스피린 등 다양한 약을 함께 처방한다. 이런 종류의 약들은 많이 쓰이는 만큼 다양한 회사의 제품들이 있는데, 의사들은 영업사원을 통해 약품의 정보를 확인하고 처방해 주며 필요할 경우 영업사원에게 의약품 관련 자료를 요청하기도 한다. 다음 예를 살펴보자.

45세 A씨의 경우 8년째 혈압약을 처방받고 있다. 지금까지 이사를 3번 정도 다니며 병원을 옮겼는데, 병원마다 의사들이 처방해 주는 약이 달랐다. 어떤 의사는 혈압약과 고지혈증, 아스피린을 처방했고, 다른 의사는 아스피린을 빼고 혈압약과 고지혈증약만 처방했는데, 이 경우 혈압약의 제조사가 달랐다.

첫 번째 의사의 경우, 굳이 비싼약을 처방 받을 필요가 없다며 더 좋은 효과가 있다는 A 제네릭을 처방하였고, 다음 의사의 경우 오리지널 B 의약품 처방을 하였다.

위 예시를 읽으며 어떤 생각이 들었는가? 의사는 합리적이며 근거 있는 판단을 통해 의약품을 결정하는데, 그 판단의 배경에는 다양한 요소가 작용한다. (처방 경험, 선호도, 임상경험, 약효에 대한 이해, 지역 환자들의 경제적 능력 등) 그렇기에 제약 영업사원이 의사에게 어떻게 의약품 관련 지식을 전달하느냐에 따라 환자에게 처방되는 약이 바뀔 수 있다. 그러나 의사들은 제약사나 의약품에 확실한 신뢰와 믿음이 없는 제품인 경우 처방을 하지 않기 때문에, 영업사원이 효능에 대한 근거 자료를 제시하여도 판매가 어려운 경우도 있다.

의약품 처방 시 환자들의 경제적인 부분 또한 무시할 수 없는 중요한 요소이다. 의약품 선정 시 의사들은 해당 지역 환자들의 경제적 수준을 고려하기도 하는데, 생각보다 많은 환자들이 약값에 민감한 경우가 많기 때문이다. 꾸준히 복용하던 혈압이나 당뇨약의 가격이 변경되면 환자들은 약국이나 병원에 이와 관련하여 문의를 하기도 한다. 그래서 경우에 따라서는 해당 지역의 경제적인 수준을 고려하여 약가가 낮은 의약품이 최우선적으로 선택되기도 한다.

물론, 가격 등의 요소를 고려해서 영업을 진행할 때는 병원 및 과별, 지역별 성향을 미리 확인하고, 설명하고자 하는 의약품의 장단점을 완벽히 마스터하는 것이 전문가적 역량의 필수 조건이다.

이렇게 본다면 제약 영업 사원이 갖추어야 할 소양과 전문지
식이 끝이 없을 것 같지만, 그렇다고 미리 겁부터 먹을 필요는 없
다. '천 리 길도 한 걸음부터'라고 했으니 차근차근 준비하면 된다.

CSO 영업을 위한 의료인에 대한 이해

우리나라의 의료인은 의사, 치과의사, 한의사, 약사로 구분된다. 물론 간호사, 방사선사, 임상병리사, 조무사, 물리치료사들도 있지만 영업이 가능한 의료인은 의사, 치과의사, 한의사, 약사로 손꼽아 볼 수 있다.

보통 의학계열이라 하면 의사나 간호사만 생각하는 경우가 있는데, 약사 또한 의학계열의 직종이다. 의사와 약사에 대한 이해에 앞서 몇 가지 질문을 하겠다. 먼저 의사에 관한 질문이다.

- 의사와 전문의의 차이는 무엇인가?
- 비뇨기과에서 피부과 진료를 함께 하던데 문제가 없을까?
- 의사가 되기까지는 몇 년이 걸릴까?

아는 사람들 입장에서는 쉬운 질문이지만, 아직까지 많은 사람들이 의사나 병원에 관해 잘 모르는 경우가 많다. 이는 CSO나 의사, 약사에 대한 이해를 위해서라면 한 번쯤은 꼭 점검해야 하는 부분이다.

간혹 비뇨기과에서 피부과 진료를 하거나 피부과에서 성형외과 진료를 하는 경우, 또는 내과를 갔는데 피부과 진료를 같이 하는 경우를 본 적이 있을 것이다. 문제가 있어 보일 수도 있지만 결론부터 말하자면 이는 불법이 아니다. 의사 면허가 있다면 전공한 진료과목 이외의 진료를 한다고 법적으로 문제가 되지 않는다.

얼굴에 뾰루지가 생겨서 피부과를 가려고 한다. 동네 피부과를 검색하니 수많은 피부과가 검색이 된다. 그중 피부과 전문의가 운영하는 병원은 어디일까? 법적으로는 전문의가 운영하는 병원과 일반 의사가 운영하는 병원은 표기를 다르게 하게 되어 있다. 간판에 '진료과목 피부과'라고 적힌 곳이 아니라, 병원 이름 자체가 'OO 피부과'라고 되어 있는 곳이 피부과 전문의가 운영하는 병원이다. 감기에 걸렸을 때 동네 의원에 가면 진료비를 내고 처방전을 받고 약국에 가서 약을 탄다. 진료비에는 우리가 내는 세금 중 하나인 의료보험이 포함된 금액이 청구되며 약값 또한 마찬가지이다. 나는 진료비 3천 원과 약값 3천 원을 냈지만, 병원과 약국의 수익은 3천 원이 아니다. 병원과 약국은 나한테 받은 3천 원과 의료보험 청구를 통해 추가 비용을 보전 받는다.

약값은 보험 청구에 포함되는 약(보험 약)과 포함이 안되는 약(비보험 약)이 있다. 일반적으로 보험 청구 약은 금액이 낮은 편이고 금액에 대한 다양한 규제가 있다. 의료는 공공재이기 때문에 관련 업종에 상당한 규제가 있는데, 의약품 역시 예외는 아니다.

모든 의약품을 보험공단에서 처리해주면 좋겠지만 의료 보험공단 비용 지출이 많아지면 그만큼 세금을 더 내야 하기 때문에 모든 의약품을 보험으로 하지 않는다. 보험료 지출을 최대한 막으려 하고 의약품 영업의 불법적이거나 편법적인 행위를 단속하는 이유이기도 하다. 의약품 영업을 하면서 어떤 부분을 주의해야 하는지는 앞으로 다룰 CP 관련 내용을 참고하면 된다. 이제부터 본격적으로 의사와 약사라는 직업에 대해서 알아보자.

의사

어떠한 과정을 거쳐야 의사가 될 수 있는지 모르는 사람들이 의외로 많다. 의대에 진학하면 예과 2년을 마친 이후 본과 4년의 공부가 진행되어, 총 6년의 공부를 하게 된다. 이후 본과 4학년 때 의사 국가고시에 응시하는데 이 시험에 합격하면 일반의 면허를 취득하게 된다.

방송에서 간혹 들을 수 있는 "본과 실습생입니다"라는 말이 여기에 해당된다. 일반의가 되면 의원 개설이 가능하다. 앞에 언급했듯 'OO의원 진료과목 피부과'라는 식의 간판이 있는 병원이 일반의가 있는 병원이라고 보면 된다. 그렇다면 전문의가 되는 과정은 어떻게 진행될까? 일반의로 시작을 하여 대학병원이나 종합병원에서 인턴을 1년 동안 하면서 선배 의사의 진료보조 업무를 하는

데, 이때 진료과를 결정하게 된다. 이후 레지던트를 4년 간 하면서 전문 진료 기술을 수련하게 되고, 레지던트 4년 차에 전문의 시험에 응시하여 합격하면 전문의 자격을 취득하게 된다.

이후 봉직의(월급 의사) 생활을 하거나 개원의(병원 개원)로 진로를 결정하게 된다. 연구소나 제약회사로 취업하는 경우도 있다. 의사 면허를 취득하면 병원에 취업하거나 개원을 하는 것이 일반적이긴 하지만 생각보다 다양한 일을 하는 의사들도 많다. 제약회사나 연구소에서 연구직으로 일하는 의사들도 있고, 아예 병원이나 제약 산업과는 동떨어진 일을 하는 의사들도 많다.

남자의 경우 군대를 가는 변수가 있는데 의사면허가 있는 경우 군의관 또는 공중보건의(보건소)로 3년 간 근무를 하게 된다. 결론적으로 일반의가 되는데 걸리는 시간은 6년, 전문의가 되는 데에는 11년, 의대 교수가 되기까지는 13년 이상(병역 포함)의 시간이 걸린다.

위에서 설명한 사항들은 의과대학 출신의 경우였다. 그렇다면 의전원(의학전문대학원)을 통하는 경우는 어떻게 될까? 의전원의 경우는 다음과 같은 방식으로 진행된다.

일반 대학 졸업 〉 의학교육 입문검사 응시 〉 의학전문대학원 수료 〉 의사 국가면허 시험 〉 일반의

우리나라에 의과대학은 전국적으로 약 40개가 있다. 이는 본

교와 캠퍼스가 있는 곳을 포함시킨 숫자이다. 예를 들어 연세대와 연세대 원주캠퍼스에는 각각 의과대학이 있다.

의사 면허의 정의는 '인간의 질병, 장애, 상해를 진단하고 치료하기 위해 진찰 및 각종 의학적 검사를 진행하고 결과를 종합적으로 분석하여 치료의 범위와 방향을 정해주는 사람'이라고 한다. 쉽게 말해 의사 면허는 사람을 치료하는 면허이기도 하지만 사람을 대상으로 의료 공부를 할 자격을 부여한 자격이기도 하다.

그렇다면 전문의의 범위는 어떻게 될까? 전문의의 종류는 다음과 같이 26개가 있다.

병리과, 핵의학과, 산업의학과, 내과, 신경과, 정신과, 외과, 정형외과, 신경외과, 흉부외과, 성형외과, 마취통증의학과, 산부인과, 소아청소년과, 안과, 이비인후과, 피부과, 비뇨기과, 영상의학과, 방사선종양과, 진단검사의학과, 결핵과, 재활의학과, 예방의학과, 가정의학과, 응급의학과

영업을 위해 전문의 종류를 꼭 외워야 할 필요는 없지만 어느 정도는 인지하고 있어야 한다. 의사는 단순히 오래 공부를 한 사람들이 아니다. 많은 시간과 노력을 들여 인체와 질병에 대해 연구한 전문직 종사자라는 점을 인지해야 한다. 단순히 생각해보더라도 이렇게 많은 노력과 시간을 투자하여 의사면허를 취득했기에 그 자부심과 특권의식이 이해가 가기도 한다. 의사는 어찌되었건

사람의 생명을 다루는 전문 분야이기에 일반적인 국민의 의식과는 분명 다르다. 예를 들면 의사들의 단체행동이나 시위를 바라보는 국민들의 관점과 의사들의 관점은 분명 다르다. 많은 사람들은 의사들이 기득권만을 챙긴다고 생각하며 의사들이 인류애와 희생정신을 바탕으로 일을 해야 하는데 너무 상업적이라는 말을 한다. 물론 이런 말도 틀린 말은 아니다. 그러나 그런 말을 하는 사람들 조차도 정작 경제적인 이유로 본인의 자녀들도 의사가 되기를 희망한다. 이중 잣대가 아닐 수 없다. 의사 또한 하나의 직업이며 개인 병원의 경우 공공 서비스 영역과 비즈니스 영역에도 포함되기 때문에 적정 이익을 추구하는 것은 당연하다. 특히 근래에 폐업하는 병원들도 많다는 점을 상기해 볼 때 어느 한편의 주장을 선뜻 옳다고 말하기는 힘들다.

제약 영업을 준비하거나 CSO를 생각하는 사람이라면 앞으로 상대하게 될 고객들의 고민을 일반인들의 관점이 아닌, 그들의 관점에서 바라보아야 한다. 사회적 이슈에 대해 어느 한쪽의 관점에 서만 이해하려 한다면, 제약 영업을 하려는 사람의 올바른 자세가 아니다.

의사들에게 영업을 하려면 그들의 고민에 대한 공감과 이해는 필수다. 그들은 의사가 되기 위해 많은 시간 투자와 노력을 했고 사회적으로 인정받고 있지만, 의사가 된 그들의 삶이 순탄한 것만은 아니다. 그들 역시 한번의 선택으로 잘못되는 경우도 있다. 개업을 하고도 수익이 나지 않았을 때 폐업을 하게 되는 경우도 많다.

의사와 의료 업종에 대한 폭넓고 깊은 이해를 바탕으로 격식에 맞는 행동을 통해 의료인들에게 '정확한 의약품 정보 전달'이라는 업의 본질에 충실한다면, 당신도 어느 순간 인정받는 전문가가 되어있으리라 확신한다.

약사

약사는 '의사의 처방전 또는 공인된 조제 방법으로 약을 조제하며 환자 또는 보호자를 대상으로 질병 치료와 건강 유지에 대한 상담을 하는 사람'을 말한다. 약사의 업무 영역에는 환자의 약력을 기록하고 보험 청구 등의 업무가 포함되며, 의사가 제대로 정확한 처방을 했는지 확인하는 것도 업무 중 일부이다.

약사의 연봉에 관하여 많이 궁금해 하는데, 조사에 의하면 풀타임 근무 약사의 경우 연봉 6천만 원 선에 가장 많이 분포되어 있다. 2019년 12월 보건복지부발표 자료에 의하면 약사의 연봉은 6,660만 원이며, 2020년 커리어넷 공시된 연봉은 6,312만 원이다.

직업으로써 약사의 장점 중 하나는 근무시간에 있어서 파트타임, 풀타임, 요일 근무 등 다양한 선택을 할 수 있다는 것이다. 약사의 연봉 책정은 근무연수와 경력보다 하루 근무 시간을 기준으로 하는 것이 대부분이다.

약사가 되기까지는 6년의 시간을 대학에서 공부하게 된다. 예전에는 수능시험을 통해 약학대학에 진학이 가능했지만, 기초 교육의 필요성과 진로 선택의 다양성과 기회 부여라는 이유로 2+4년

제 시스템으로 개편되었다. 다시 말해, 약대가 아닌 다른 학과에서 2년 이상 교육과정을 이수하고 약학대학입문 자격시험인 PEET를 통과하면 약학대학에 편입이 가능하게 되었다. 참고로 대학교 2학년까지의 전공은 무관하다. 약학대학에 입학 후 4년 동안 약학 전공 교육과정을 이수하고, 한국보건의료인 국가시험원에서 시행하는 국가면허시험에 응시하고 합격하면 보건복지부 장관 직인이 날인된 약사 면허를 발급받는다. (2022년부터 통합 6년제가 도입되며 수능으로 약학대학에 진학할 수 있게 다시 변경되었다고 한다.)

약사 면허 취득 후에는 개인 약국을 개업하거나 대형 약국 등에 관리약사로 취업이 가능하며 병원이나 제약회사 연구소 등으로도 진로 선택이 가능하다. 제약회사에 취업할 경우에는 영업, 마케팅, 임상허가 등에 관련된 다양한 업무를 익힐 수도 있다. 이외에도 식약처, 건강보험심사평가원 등 관련있는 공공기관에도 취업이 가능하다.

개업한 약사들의 경우 다양한 이권으로 복잡하게 얽혀 있다. 건물이 새로 생기는 경우, 건물주 또는 건물 분양회사의 가장 큰 바람은 층별로 병원이 들어오고 1층에는 약국이 입주하는 것이다. 분양 회사를 한 번이라도 가봤다면, 병원을 선호하는 이유는 익히 알고 있을 것이다. 건물 이미지 제고, 월세 회수, 관리 등에서 유리하기 때문이다. 그러나 무엇보다 가장 큰 이유는, '1층에 약국 입주'라는 큰 프리미엄이 있기 때문이다. 건물에 병원이 입점을 하면서 1층 약국 분양에 프리미엄을 더해서 받는 것은, 이제 시장에서 공공연하게 이루어지고 있다. 거꾸로 1층의 약국은 별도로 분양해서 영업을 하기도 하고, 때로는 약국이 함께 시작할 병원을 데리고 오는 경우도 많다. 이런 현상의 공통적인 배경에는, 1층 약국 분양가의 추가 프리미엄 비용이 자리잡고 있다. 분양사는 평당 가격에 약 2배 정도 높여서 건물에 독점 분양을 이끌어낸다. 1층이 보통 10평 크기에 10억 원에 분양을 한다면, 약국에 독점권을 주어 20억 원에 분양하는 경우가 많다. 이것이 로컬 개원보다 약국 개업이 돈이 더 드는 이유다. 이러한 이유들로 약국의 약사들은 비용적인 부분, 즉 제약회사와의 관계에 예민한 경우가 많다.

약국의 수익은 크게 두 가지이다. 처방전을 통한 약 판매(전문의약품 조제), 그리고 일반의약품(우리가 흔히 구매하는 소화제, 연고, 건강기능식품 등)의 판매이다. 여기까지가 일반적인 약사에 대한 설명이고, 이제부터는 좀더 CSO와 CMR이 상대하는 약사에 관한 이야기를 하겠다.

CSO가 되면 병원만 상대해야 하는 것이 아니라 약사도 상대해야 하는데, 그 이유는 영업한 약을 처방하는 사람은 의사지만, 그것을 조제하고 환자에게 실질적으로 약이 나가게 하는 역할은 약사가 담당하기 때문이다. 판매하고자 하는 브랜드 약품의 매출을 증진하기 위해서는 의사와 약사에 대한 관리는 필수이다. CSO가 되면 주로 개인 약국을 개업한 약사 또는 약국의 관리 약사를 상대하게 된다.

약국 영업을 이해하기 앞서 우선, 취업사이트의 채용정보에 많이 등장하는 ETC, OTC라는 용어에 대해 이해할 필요가 있다. 일반적으로 OTC는 일반의약품, ETC는 전문의약품이라고 이해하면 된다. 채용공고에 적힌 OTC는 '약국 영업'을 뜻하고 ETC는 '병원 영업'을 말한다. 이러한 OTC와 ETC를 나누는 기준은 의사가 내리는 처방전이다.

OTC는 의사의 처방전 없이 구매 가능하며 ETC는 의사의 처방전이 필수이다. 더 쉽게 설명하면 TV 등에서 광고하는 약품은 OTC 일반의약품이고, 전문의약품의 경우에는 광고가 법적으로 금지되어 있다. 그렇기에 OTC 영업은 약사가 고객이 되는 경우이다. 그리고 제약회사 직원이나 CSO가 일반의약품을 다룰 경우 약국의 일반의약품 판매를 돕는 유통과 영업사원의 역할을 하게 된다. 여기에는 판매하는 브랜드의 제품 발주, 관리, 수금 업무가 포함될 수 있다. 영업이 진행되면 약사들은 필요한 약을 논의하여 약국에 배치하는 일을 한다. 참고로, 약사 중에 약국 주인을 약국장님이나 국장님이라고 부르니 알아두도록 하자.

제약회사에서 OTC의 영업은 왜 필요할까?

제약회사에서 OTC 영업이 필요한 이유는 경쟁사가 많기 때문이다. 쉽게 생각해 보자. 비타민 한 가지만 보더라도 관련된 제품은 수백 종에 달한다. 광고를 통해 우리가 알고 있는 제품이 아닌 약일 경우 판매가 어렵다.

보통 약국을 방문한 고객의 경우 일반의약품은 약사의 추천으로 구매를 하는 경우가 많다. 약국에 영양제 등을 구매할 때 약사가 추천해준 약을 별 거부감 없이 구매했던 경험을 떠올려 보면 이해가 쉽다. 약국 영업은 약사와의 관계, 영업을 어떻게 하느냐에 따라 매출이 달라지기에 병원과는 또 다른 접근이 필요하다.

이런 이유로 약사와의 관계는 정말 중요하다. OTC 영업사원의 경우 하루에도 수많은 거래처를 돌아다니는 이유도 이런 까닭이다. 반품 처리 유효기간에 따른 회수와 판매가 중요하며, 월말에는 수금 문제로 바쁘다는 점을 잊지 말자.

또한, 약국의 행정 직원들과 좋은 관계를 맺는 것도 중요하다. 약국에서는 생각보다 많은 일들이 진행되어 영업사원과 관련된 일들이 우선순위에서 밀리는 경우가 있다. 그런 경우를 대비해서 행정직원과 친해지면 여러모로 도움이 된다. 또 다른 팁으로, 약국 별로 한가한 시간대를 파악해 놓으면 업무 진행에 도움이 된다.

CSO는 전문의약품만 다룰 수도 있지만, 다양한 약을 다루며 약국 영업도 가능하다. 그러기 위해서는 약국에 대한 충분한 이해가 선행되어야 하고 영업 전략을 세우는 것이 중요하다. 다시 말해 OTC만 할 수도 있고 ETC도 같이 할 수도 있기 때문에 병원, 즉 의사를 상대하는 것과 약사를 상대하는 방식은 달라야 하고 그에 따른 접근 방법 또한 달라야 한다.

어느 한쪽만 한다고 해서 다른 분야는 몰라도 된다는 생각은 버리자. 전문의약품 ETC만 한다고 해서 약국과 관계를 끊어도 되는 것은 아니다. 전문의약품 영업을 할 때에도 그 약이 약국에 있는지 확인을 해야 하며, 없다면 약국에 구비 요청을 해두어야 하기 때문이다.

예를 들어 제약회사에 소속되어서 일을 하는 경우, 회사의 제품에 따라서 업무가 OTC 또는 ETC로 배정될 수 있으며, 지역 기준으로 배당될 수도 있다. ETC의 경우도 로컬, 세미(준 종합병원), 종합병원으로 배정되기도 하고, 종합병원으로 배정될 경우 담당 품목에 따라 1~5군데 병원을 맡기도 한다.

이제 약국영업에 관한 이야기를 더 다루고자 한다. 다음 방식은 약국 영업에 관한 하나의 모범적인 모델이다. 이 방법을 참고한 후, 나만의 영업 스타일을 만들어 성공에 한 발짝 다가가 보자.

〈약국 영업 활동 예시〉

- 기존 거래처 방문

1일 1지역 방문: 보통 제약회사 직원의 경우 4~7개 지역을 배당 받는다. 꾸준히 방문하여 친밀감을 형성하고 분위기와 주변 환경을 파악하는 것이 중요하다.

- 신규 거래처 영업

방문 지역, 즉 본인이 맡고 있거나 영업하고자 하는 지역 위주로 시작하여 대형, 중형, 소형 약국 순으로 방문

- 자료와 배경 지식 준비

내가 팔고자 하는 제품의 지식은 물론 경쟁 제품, 관련된 시장 상황에 대한 지식은 필수이다.

- 라포 형성

매출과 매입은 대표(약국의 약국장) 명의로 진행되기에 관계가 좋을수록 유리하다.

- 꾸준하게

주기적으로 기존 거래처와 신규 거래처를 방문하는 것이 중요하다. 관계에 있어서 대면으로 만나는 것보다 더 좋은 방법은 없다. 만약 있다고 하더라도, 적어도 영업에서는 직접 만나 보는 게 여러모로 도움이 된다. 단, 무조건적인 방문보다는 재고 확인과 영업 가능한 제품을 찾는 등의 활동을 병행해야 한다.

- 자세

단정하고 깔끔하게, 가까워 지더라도 최소한의 예의를 지키자.

지금 위에 언급한 사항들 중 일부는 자기계발 서적들에도 나오는 내용이다. 그런데 사실 자기계발 서적의 내용은 비슷비슷하다. 그런데 이런 서적들이 꾸준히 나오는 이유는 무엇일까? 알면서도 실행이 옮기지 않는 사람들이 많기 때문이다. 영업을 비롯한 모든 비즈니스가 마찬가지이지만 성공을 위해서는 '실천'이 가장 중요한 덕목 중에 하나임을 명심하자.

제약영업, CSO를 만나다

대형 제약회사에서 4년제 대학 출신을 채용하는 이유는 무엇일까? 여러 이유가 있겠지만 분명한 한 가지는 '제약과 관련된 업무는 누구나 할 수 있을 것 같지만 누구나 해서는 안 되는 일'이기 때문이다. 다시 말해 사람의 건강과 질병, 생명을 다루는 업종에 연관된 직업이고 의료 전문가를 상대해야 하는 일이기에 최소한의 기준 중 하나가 학력일 수 있다. 또한 국내외 제약시장 규모를 보면 알겠지만 제약 산업은 그야말로 초대형 글로벌 비즈니스다. 그렇기 때문에 자부심도 가져야 하며, 일을 시작할 때에는 철저하게 준비해서 진행해야 한다.

병원과 약국, 의사와 약사에 대한 접근 방법은 분명 비슷하지만 다르다. 영업을 위해 알아야 하는 자료와 지식 또한 다르다. 그러나 공생관계라는 점을 강조하여 말하고 싶다.

한의사

한의사가 되기 위해서는 6년의 과정을 거쳐야 한다. 예과 2년, 본과 4년으로 나누어져 있는데, 예과 2년 동안에는 기초과목(생물학, 화학 등)을 공부하고 본과에서 한의학에 대한 공부를 마친 후 국가고시를 응시하면 한의사가 될 수 있다.

한의사도 한방병원에서 근무하는 인턴과 레지던트 제도가 있다. 그리고 한의사 자격 취득 후 로컬에서 페이닥터 생활을 하면서 수련을 한다. 일반적으로 10명 중 2~3명 정도는 전문병원에서 수련과정을 거치고, 나머지는 취업을 통해 수련을 한다.

한방 분야에도 전문의 제도가 있다. 2000년에 시작되어 8개의 전문 분과(한방재활의학과, 한방내과, 한방부인과, 한방소아과, 한방신경정신과, 침구과, 한방안이비인후피부과, 사상체질과)가 있다. 전문의가 되기 위해서는 정부가 지정한 전문수련병원에서 인턴이나 레지던트 과정을 이수하고 보건복지부 주관 전문의 국가고시를 통과하면 된다. 한의사 전문의는 전체 한의사의 13% 정도다.

한방시장은 양방시장에 비해 규모가 작다. 제약 시장만 놓고 보면 양방의 10분의 1 정도다. 한의원은 보험청구약보다 탕약을 선호한다. 물론 탕약을 처방하는 데에는 효능적인 이유도 있겠지만, 탕약의 경제성이 더 좋으며 보험 처리되는 약의 수가 현저히 낮은 이유도 있다.

처방약을 제조하는 한방제약회사의 경우 한중제약, 한국신약, 경방신약, 한풍제약, 크라시에(kracie) 정도다. 한의원에 치료를 하기 위해 방문했을 때 탕약(파우치로 된 약)을 받았다면 이는 비보험 약이다. 감기약이라도 약값이 2~3만 원 정도 하는 경우도 있다. 반면 가루약을 받았다면 그것은 보험으로 청구되는 약을 받은 것이다.

한의원은 규모가 작고 한방약을 다루는 제약회사가 많지 않다는 단점이 있지만, 치과와 비슷하게 경쟁이 치열하지 않다는 장점도 있다. 따라서 상대적으로 쉽게 영업이 가능하다. 따라서 한방 시장은 충분히 고려해볼 만한 매력적인 시장이다.

제약영업, CSO를 만나다

CSO를 하고 있는 A씨의 경우 양방 제약회사 출신이지만 경쟁이 상대적으로 덜한 한방시장에서 영업을 시작했다. 규모가 작아 수익이 크지는 않았으나 한방 시장의 확장 가능성을 보고 시작하였다. 한의원의 경우 입원실이 있는 한의원이나 요양병원으로 확장하는 경우가 생각보다 많았는데, 여기서 기회를 발견한 것이다. 한의사가 한의원을 운영하다 요양병원으로 변경할 경우, 양방 의사를 고용(부원장으로 영입)하여 양한방 협진 체계로 운영하기도 한다. 이 경우 양방의 의료기기도 사용이 가능하고, 양방의 보험이나 비보험 약도 이용할 수 있다는 장점이 있다.

A씨는 이러한 확장성을 보고 접근하여 한방시장에서 자리를 잡았다. 제약 영업과 함께 한의사들에게 요양병원의 장점을 설명하며 요양병원 개원 컨설팅과 입원실 확장에 관한 컨설팅을 함께 진행하고 있다.

위의 사례는 틈새시장에서 기회를 찾은 모범적인 케이스다. A씨는 현재 직장 급여의 5배 이상의 수익을 올리고 있다. 한방시장은 분명 규모가 작기는 하다. 그러나 시장을 어떻게 공략해서 나만의 시장으로 만들어 나가냐는 스스로가 전략을 짜서 실천하기 나름인 것이다.

CSO/CMR 영업 방문의 단계

영업사원 콜(Call) 현황 및 대안

제약회사 영업사원이 의사와 면담하는 것을 일반적으로 방문 콜(Call)이라고 한다. 그 과정을 순서대로 하면 ①Call Preparation(준비과정), ②Call Opening(도입부), ③Sales Interaction(고객과 상호작용), ④Call Closing(마무리), ⑤Call Follow up(정리) 과정으로 이뤄진다.

의사에게 영업을 할 때에는 홍보하려는 제품의 특징, 장점과 이점(FAB: Feature, Advantage, Benefit)을 근거로 입각해 정확하게 전달해야 한다.*

유의미한 콜이 되기 위해서는 영업사원 스스로 자신의 활동 계획을 세우고, 실천을 위한 훈련이 되어 있어야 한다. 또한 의사의 요구사항을 파악할 수 있도록 경청능력을 함양하고 제품의 특징과 장점을 확실하게 표현할 수 있는 능력을 갖추어야 한다.

*이를 의사와의 상호작용 중 Demonstration Capability라고 한다.

제약영업, CSO를 만나다

특히 의사를 면담하기 위한 OMR(Objective, Message, Resource), 즉 사전 준비 과정을 체계화한다면 방문 횟수와 디테일 횟수의 증가는 물론, 디테일 시간까지도 증가하여 매출의 증가라는 선순환을 기대할 수 있을 것이다.

제약 영업사원의 방문 프로세스

제약회사 영업사원은 하루에 약 10여 명의 의사를 방문하지만, 실제 의사와의 면담 시간은 5분 미만인 경우가 많다. 그중에서도 의사가 판단을 내리는 시간은 겨우 15초 내외다. MR과 제품의 이미지는 이때 판가름이 난다. 따라서 고객의 입장을 고려한 접근 방식과 철저한 준비만이 유의미한 결과를 이끌어 낼 수 있다.

가장 효과적인 마케팅 방법 중 하나는 지속적이고 체계적인 교육이다. 체계적인 교육은 영업사원들에게 자신감을 심어줄 뿐만 아니라 방문 횟수 및 시간, 특히 디테일 시간을 높여준다. 이는 가장 확실한 매출 증대로 이어지는 방법이다.

제품 디테일을 할 때에 MR은 고객에게 일방적인 정보 전달을 하면 안 된다. 의사의 부정적 의견이 무엇인지 파악하고, 이 부분을 해결하면서 처방하는 디테일 방법을 사용하는 것이 중요하다. 또한 짧은 순간에도 핵심적인 메시지를 전할 수 있는 능력을 키우는 데 중점을 두고 교육해야 한다.

(1) 준비과정(Call Preparation)

제약 영업은 많은 요소들이 복합적으로 관련되어 있기에 준비해야할 사항 또한 전문적이고 다양하다. 1차 고객인 의사를 만나기 전에 준비해야 할 것은 관련 제품의 지식, 올바른 태도와 복장, 제품과 관련된 메시지와 자료, 의사 전달 스킬 등이다. 대표적으로 중요한 2가지 준비사항은 고객의 성향 분석과 사전 계획이다. 이때는 목표 대상 고객을 선정하고 고객에 대한 분석을 바탕으로 방문 목표를 설정하게 된다. 구체적인 방문 계획을 수립하는 단계라고 할 수 있다. 이때 면담에 사용할 디테일 자료를 준비하고, 중요하게 전달해야 하는 메시지를 체크해야 한다. 고객을 통해 어떠한 영업적 목표를 달성할 것인지 명확히 하는 단계라 할 수 있다. 이러한 구체적인 계획이 있어야 고객에 대한 명확한 세일즈 목표가 달성될 수 있다.

1-1. 고객의 성향 분석

고객의 소셜 스타일(Social Style)을 파악해야 한다. 간접적 (Ask)인지, 혹은 직접적(Tell)인지 분석해보자. 또한 일 중심적인지, 사람 중심적인지로 구분해서 유형을 나눠보자. 두 분류를 바탕으로 크게 분석형, 주도형, 온화형, 표현형 등으로 파악할 수 있다. 각각의 성향을 빠르게 파악하고, 그에 따른 영업 방식을 세우고 활동하는 것이 기본 중에 기본이다. 경우에 따라서 심리학적 지식과 스킬이 활용되는 부분이다. 이제 고객 성향별로 커뮤니케이션 스킬을 활용하는 방법을 자세하게 다루도록 하겠다.

1-2. 사전 계획(pre-call planning)

사전 콜 계획(pre-call planning)은 판매 모델(selling model)의 필수불가결한 요소이다. 영업사원은 MR로서 매번 최선을 다해 방문하고 성과를 내길 원한다. 그러기 위해서는 반드시 계획이 필요하다. 효과적인 사전 계획은 영업사원들에게 자신감을 심어주고 목적을 분명히 해주며 예상치 못한 상황을 대비하여 당황하는 경우를 최소화한다 고객에 대해서도 많은 정보를 모아 두면 선명한 액션 플랜(action plan)을 세우는 데 도움이 된다. 병원 홈페이지와 원장의 프로필을 검색해서 숙지하는 것은 기본 중에 기본이다. 계획을 세우는 데 시간과 노력을 많이 들일수록 방문했을 때 만남의 가치는 그만큼 증가한다.

● 지난 콜 히스토리를 확인하고 연계시킨다

대부분 MR들은 고객에 대한 콜 리뷰를 놓친다. 그 이유는 많은 거래선을 돌아다니다 보면 모든 사항들을 기억하기 어렵기 때문이다. 그래서 고객의 콜 히스토리(call history)는 항상 메모로 남겨야 한다. 놓치게 된 고객의 지난 콜 히스토리는 소멸되고 연계성이 없어진다. 요즘은 영업과 스케줄링에 관련된 어플이 많으니 이를 활용하는 것도 좋은 방법이다.

● 고객처방의 단계에 따라 스마트한 목표를 설정한다
- Specific(구체적인): 목표가 구체적인가?

- Measurable(측정 가능한): 성공의 구체적인 잣대가 무엇인가?

- Achievable(달성 가능한): 고객에 대한 목표가 합리적인가?

- Relevant/Realistic(연관된/현실적인):

    목표가 지역/업무 전략과 일치하는가?

    수단 보다는 결과에 초점을 맞추는가?

- Time(기한이 포함된): 고객이 언제 행동을 할 것인가?

● 고객 처방의 단계에 따라 스마트한 목표를 설정한다

고객을 확보하고 유지할 수 있는 디딤돌이다. 방문의 구조와 연속성을 명확히 해야 한다. 우리 지역의 업무나 계획과 일치되게 해야 한다.

- 병원 정보

- 경쟁사 정보

- 업계 정보

- 가이드라인/정책

- 현재 집중하는 제품들

처음은 어렵다. 하지만 몇 번을 해보면 상당한 도움이 된다는 것을 알 수가 있을 것이다.

(2) 고객 면담의 단계

이때는 방문 전 준비한 계획에 따라 고객 면담이 이루어지게 된다. 고객에게 준비된 오프닝으로 방문을 시작하고, 질문을 통해 고객을 파악해야 한다. 이는 제품을 고객에게 설명하기 위한 준비 단계다. 준비된 제품에 대한 디테일을 하고, 디테일 과정에서 발생한 고객의 반응을 처리한 후 방문을 종결하는 과정을 거치면 '고객 면담'의 과정이 끝난다. 앞서 언급한 고객성향에 따른 영업방식을 생각하면서 아래 프로세스를 보면 도움이 될것이다.

2-1. 도입부(Call Opening)
지난 콜과 연계하여 방문 목적에 대해 언급한다.

● 관심을 끄는 오프닝(engaging call opening)
- 지난 방문과 이번 방문의 연결 고리를 만든다.
- 제약회사와 약품을 소개한다.
- 대화하고 싶은 내용이 무엇인지 설명한다.
- 방문으로 고객이 어떤 혜택을 받을지 언급한다.
- 임팩트 있는 언어를 사용해서 고객의 관심을 끈다.

앞서 분석한 고객의 성향에 따라 각기 다른 도입부 멘트를 작성해보면 좋다. 이 부분을 참고하여 본인만의 방식을 만드는 것이 무엇보다 중요하다.

● 고객이 콜 목적에 관심을 가질 수 있도록 교감을 형성한다
- 고객의 상황을 이해한다.
- 고객이 처한 도전들을 인식한다.
- 우리가 고객의 입장이라고 생각해본다.

● 교감과 감정이입을 한다
원장들은 업무나 환자들 때문에 지쳐있을 수도 있고, 기분이 좋지
않을 수도 있다.
- 무엇을 생각하고 느낄까?
- 무엇을 들을까?
- 하루 종일 진료실에서 무엇을 볼까?
- 무엇을 말하려고 할까?

● 상호 동의(mutually agree)의 중요성
사람들은 자신이 의사결정에 관여했다고 느꼈을 때 마음을 여는
편이다. 방문 초반의 공통 아젠다(agenda)는 고객의 관심을 끈다.
아젠다가 스마트 오브젝티브(smart objective)와 포스트 콜 노트
(post call note)에 연계되어야 한다. 방문에 대한 기대(혜택)를 만
들어 적극적으로 고객의 관심을 끌어야 한다. 고객으로부터 계속
진행해도 좋다는 동의를 구해야 한다.

2-2. 고객의 니즈파악

제품에 대한 환자 또는 의사의 반응을 파악하기 위해 효과적으로
질문을 사용한다.

● 질문 스킬

- MR이 질문을 안 하는 이유는?

- 왜 질문을 해야 하는가?

- 질문을 싫어할 것 같은 고객에게 효과적으로 질문하는 방법은?

● 개방형, 한정형, 시각화 질문을 사용한다

- 개방형 질문:

  질문 내용을 말해주기를 요청하는 것과 같은 질문

- 언제, 어디서, 누가, 무엇을, 어떻게, 왜 (무슨 이유가 있는지)

예

- 요즘에 날씨가 추워져서 감기 환자가 많이 늘으셨겠어요?

- 원장(교수)님! 코니엘(제품명)은 주로 언제 처방하시나요?

● 한정형 질문

- 고객으로부터의 의문사항을 명확히 하거나 결정을 요할 때

- 예, 아니오. 등으로 대답할 수 있는 질문

예

- 12일에 점심 약속 있으신가요?

- 다음주에 방문해도 될까요?

● 시각화 질문
- 고객으로 하여금 생각나게 하고 평가나 분석, 전문적인 견해를 표현하게 하는 질문
- '이러면 어떨까요?', '유용할 것 같습니까?', '이럴 수도 있지 않겠습니까?' 등의 질문

예 암로디핀(혈압약 제품명)
- 저희 암로디핀 처방 시 어떠한 이점이 있으셨는지 말씀해 주실 수 있나요?
- 암로디핀을 처방한 노인 환자분들이 어떤 불편사항을 주로 이야기하시던가요?

2-3. 마무리(Call Closing)

고객에게 적절한 요청을 하며 콜을 마무리하는 단계로, 장점들을 명확하게 요약하여 성공적으로 확약을 이끌어내는 것이다.
- 고객과 논의된 중요한 부분에 대해서 간략히 요약한다.
- 콜의 목적에 부합된 제품 또는 환자에 대해 언급한다.
- 구체적인 실행요청(확약)과 함께 방문을 적절히 마무리한다.

● 클로징 스킬
- MR이 클로징을 잘 못하거나 하지 않는 이유는?
"필요가 생기기 전에 네트워크를 구축하라."
- 어떤 경우 클로징에 실패하는가?

"밑져야 본전, 용기가 필요하다. 요청하는 것을 두려워하지 말라."(엔드루 소벨의 〈관계가 결과를 바꾼다〉 중에서)

"구매의사를 묻는 것만으로 구매율을 35% 올릴 수 있다."(리처드 탈러의 〈넛지〉 중에서)

– 클로징을 효과적으로 하는 방법은?

"처음에 무리한 요청을 한 후에 두 번째의 작은 요청으로 양보한 상황(76%)이 처음부터 작은 요청을 한 상황보다(29%) 훨씬 높은 구두 약속을 이끌어냈다. (로버트 치알디니의 〈설득의 심리학〉 중에서)

이러한 프로세스가 처음에는 어려울 수 있다. 하지만 고객과의 만남 전에 꼭 확인해야 하는 것들이라 생각하고 몇 번이고 되새기고 만남을 가져보자. 이번보다는 다음이, 다음보다는 그다음이 익숙해지면서 달라질 것이다. 결과 또한 개선될 것이다. 만남에서 꼭 확인하고 알아내야 하는 것들은 반드시 정하고 들어가자.

(3) 방문 후 분석단계

고객 면담 시 이루어진 내용을 분석하고 평가하는 단계로써 이를 바탕으로 다음 방문의 목표를 설정하게 된다. 방문 전 준비단계에서 준비한 사항들이 잘 이루어졌는지를 분석하여 부족했던 부분과 보완하여야 할 것이 있는지, 세일즈 목표 달성을 위한 진전이 있었는지 등을 판단하고, 다음 방문을 준비하고 계획한다.

● 피드백

- 그날의 콜에 대해 목적을 달성했는지 확인한다. 스마트 오브젝트(smart object)와 대비하여 방문분석(call analysis)을 한다.
- 금일 콜 중에 어떤 부분이 잘 되었고, 만족하지 못하는 부분은 무엇인가?
- 처음에 내가 작성한 목표대로 잘 전달되었는가?
후속 방문에 대해 팔로우업(F/U) 해야 할 사항에 대해 체크한다.
- 고객이 Adoption Ladder의 다음 레벨에 도달할 수 있을지 즉시 평가하고 리뷰한다.
⑩ 고객이 현재 Adoption Ladder에서 어디에 있으며 다음 레벨로 올라가기 위해서는 무엇을 해야 하는가?
고객의 Adoption Ladder의 이동이 있을 경우 콜 리포트에 기록한다. 다음 방문의 스마트 목표에 질적인 정보를 위해 고객 기록(CRM)을 업데이트한다.
⑩ 다음 번 방문 목표를 지원하기 위한 정확한 정보를 입력한다.

위에 설명한 내용은 기본적으로 숙지를 하고 병원 대기실에 앉아 있을 때까지 머릿속으로 시뮬레이션 해보는 노력이 필요하다. 특히 제약 영업 경험이 적을수록 몸으로 익혀야 한다. 내용을 알고 방문하는 것과 그렇지 않은 경우 방문 효과의 차이는 크다. 거래선에 대한 품목 설정과 그것을 이루어 내기 위해 이루어지는 끈질김, 커뮤니케이션 스킬, 영리함 등이 몸에 배어 있어야 한다.

제약 영업의 방문 목표를 설정할 때에는, 그 목표를 하루, 한 달, 혹은 일 년 단위로 나누어 설정하고 장기 프로세스를 준비해야 효율을 높일 수 있다.

영업사원을 직접 고용한 제약회사들은 매출을 이끌어 내지 못하는 직원들의 효율을 높이는 것을 언제나 고민하고 있다. 또한 인건비와 원자재 가격의 상승, 제네릭 약가의 하락 등으로 인해 제약사들은 방문 프로세스의 효율을 높이기 위해 다양한 방법을 시도하고 있다. 특히 신약이 없는 제약사들은 기대 이익이 하락 중이기 때문에 영업사원 방문 효율을 높이는 것을 더욱 중요하게 여기고 있는 추세이다. 지금은 한 발 더 나아가 영업사원뿐만 아니라 공장이나 관리까지도 외주화하는 시도가 진행되고 있다.

제약 영업 관련 중요 QnA

(**Question**) 영업사원의 연봉이 5,000만 원이라 하고, 1일 방문을 8번이라 가정해보자. 한 달 20일 기준으로 근무를 하면 1번 방문 시 제약회사 입장에서의 비용은 얼마일까?

(**Answer**) 연 5,000만 원을 단순 계산하여 월급으로 나눠보면 1개월에 416만 원이 나온다. 한 달에 영업일을 20일이라고 봤을 경우, 하루에 약 21만 원의 비용이 드는 셈이다. 영업사원이 하루에 8곳을 방문할 수 있다면. 1회당 방문 비용은 26,000원이 나온다. 이 계산의 의미는 무엇있까? 26,000원은 영업사원이 병원을 방문하고 원장과 대화하는 시간(짧게는 1분~길게는 5분)의 기회비용이라고 생각할 수 있다.

[5,000만원/ (월간 160번 방문 *12개월)= 약 26,000원]

물론 제약 회사별로 상이하겠지만, 여기에 하루 일비, 유류비, 인센티브 등을 합치면 5만 원에서 10만 원 정도의 비용을 한 번 방문에 쓰게 된다. 일반적으로 제약 영업 사원은 회사 입장에서의 이러한 방문 비용을 고려하지 않고 무조건 방문 횟수를 늘리고자 한다. 하지만 방문은 물리적으로 다닐 수 있는 횟수가 정해져 있다. 따라서 방문 비용을 고려해서 기회 방문의 횟수를 생각하고 활동해야 한다. 이러한 기회비용 등을 생각하고 영업을 진행한 영업사원과 그렇지 않은 영업사원과는 그 격차가 벌어질 수밖에 없다.

여기서 언급된 사항들은 절대적인 것이 아니라 일종의 표준화된 방식에 대한 설명이다. 무엇보다 영업을 잘하기 위해서는 자신만의 특별한 영업 노하우를 개발하려는 노력이 필요하다.

커뮤니케이션 스킬 - 영업

나의 커뮤니케이션은 어떤 스타일일까? 우리는 매일 의사소통을 하지만 내가 원하는 바를 상대방에게 명확히 전달하는 것은 여간 어려운 일이 아니다. 다양한 환경과 상황에서는 더 어려운 것이 의사소통이다. 원활히 커뮤니케이션이 안될 경우 영업 성과는 물론이고 자신감이 낮아질 수도 있다. 반면 고객과의 커뮤니케이션을 즐기고 어려워하지 않는 경우 시간이 지날수록 그 빛을 발한다. 그런 사람들과 나의 차이가 무엇인지를 아는 것이 커뮤니케이션 스킬의 시작이다. 나의 커뮤니케이션 스킬을 알고 이해한다는 것은, 앞으로 새로운 커뮤니케이션 스킬을 배우고 확장하기 위한 출발선이다.

우리가 익히 아는 '지피지기면 백전백승'이란 말처럼, 나의 성향과 고객의 성향을 파악하는 것은 고객과의 관계를 발전으로 이어 나가게 하며 원하는 성과에 다가설 수 있게 해준다.

제약영업, CSO를 만나다

커뮤니케이션 제약 영업 스킬

제약 영업은 다른 영업과 다르게 특정 직업군(주로 의사나 약사)을 상대한다. 그 스펙트럼은 동네의원부터 대학병원까지 다양하다. 대학병원에 속한 의사들의 경우 많은 환자를 상대하기 때문에 시간을 내기가 어렵다. 시간을 내더라도 짧게는 2분에서 길게는 10분 이내에 대면하는 시간이 전부이다. 이는 대면 시간 기준이고, 대기시간은 보통 한 시간 이상이다. 이것만 살펴보면 매우 비효율적인 영업방식처럼 보이지만, 업종의 특성상 새로운 영업 방식이 만들어지기는 어려운 것이 현실이다. 그렇기에 영업을 하는 입장에서는 무엇보다도 제약 영업의 스킬을 제대로 갖추고 있는 것이 중요하다.

활용팁

짧은 대면 시간 안에 유의미한 결과를 얻기 위해서는 전하고자 하는 메시지가 명확하고 간결해야 한다. 영업 초기에 이러한 부분을 간과할 경우 쓸데없는 시간만 보내고 아무 소득 없이 나오는 경우가 많다. 이런 실수를 최소화하기 위해서는 어떻게 말을 이끌어 나가고 어떠한 이야기를 중심으로 할지 등, 최소한의 가이드라인을 잡고 들어가는 것이 좋다.

🅴 병원 대기실에서 기다리는 동안 병원의 특징을 살펴보면 원장의 취향을 비롯한 여러 정보를 알 수 있다. 출신 학교, 가입 학회, 인테리어 취향 등이 영업을 위한 좋은 정보가 된다. 그리고 기

다리는 동안 홈페이지 검색을 하는 것도 시간을 효율적으로 쓰는 방법인데, 이를 통해 원장과 공감대를 형성할 수 있는 정보를 찾게 되는 경우도 있다.

처음 몇 번의 접촉이 생길 경우, 간혹 의사들은 대면하는 시간을 많이 늘려주기도 하는데, 이는 관계가 형성되면서 나오는 배려라고 생각하면 된다. 어차피 제약 영업으로 만난 것이므로 자연스럽게 제약 영업에 대한 이야기를 많이 하게 된다. 앞으로 다양한 유형의 의사들을 예로 들어 설명할 텐데, 영업에 도움이 될 수 있도록 구분해 놓은 유형을 참고한 후 본인의 상황과 성격에 맞게 활용하는 것을 추천한다. 물론 절대적인 부분은 아니다.

우리가 한 번씩은 들어봤고 가장 많이 사용하는 고객의 유형별 분류는 주로 MBTI 방식, DiSC(4가지 성격유형), 에니어그램 등의 툴이 있다. 세일즈 관련 도서를 살펴보면 이러한 분류를 사용하지만 우리는 그러한 분류가 아닌, 그냥 일반적인 느낌의 유형별로 분류를 했다. 이를 바탕으로 내가 상대할 고객이 어떤 분류에 가까운지를 참고하기 바란다.

고객의 성향 분석

고객의 소셜 스타일(Social Style)을 파악해야 한다. 간접적(Ask)인지, 혹은 직접적(Tell)인지 분석해보자. 또한 일 중심적인지, 사람 중심적인지에 따라서 나눠보자. 크게는 분석형, 주도형,

온화형, 표현형으로 파악할 수 있다.

(1) 주도형 (Driver)

● 유형: 단호함, 요구적, 철저함, 결단력, 지배적, 진취적, 엄격함, 능률적, 완고함, 도덕적

● 우리는 어떻게 해야 할까? (Do)

바로 본론으로 들어가고 간결하게 설명해야 한다.

구체적으로 설명하고 시간을 효율적으로 사용해야 한다.

결과에 대해 이야기해야 한다.

사실적이되 상세한 설명은 피해야 한다.

● Needs

핵심 내용을 중심으로 효율적으로 디테일을 실시해야 한다.

목표 달성에 있어서 가능한 것과 불가능한 것을 명확하게 답변할 수 있어야한다.

사실적인 데이터를 가지고 증명할 수 있어야 한다.

● Don't

상대방의 시간을 낭비하지 말아야 한다.

모호하거나 애매하게 말하지 말아야 한다.

무관한 질문을 삼가야 한다.

지나치게 사적으로 대하지 말아야 한다.

목적에서 이탈하지 말아야 한다.

분위기를 장악하려 하지 말아야 한다.

이런 스타일의 고객은 주로 빠른 결과와 해답을 얻기 원한다. 일반적으로 성격이 급해 보이는 사람들이 해당되는 성향으로, 상대에 대한 의사 표현이 확실하고 빠르며 강한 추진력을 보인다. 이런 고객의 경우 확실한 답과 해결책을 선호한다. 그렇기에 성취욕이 강하며 새롭고 다양한 활동을 좋아하는 경우가 많다. 이런 고객을 만나면, 잘 되는 병원의 원장일 경우 권위적인 모습으로 보일수도 있는데, 목표가 확실한 느낌을 받을 것이다. 대화 중에 다소 공격적인 모습을 보이기도 하며, 자신과 다른 성향, 즉 우유부단하거나 느린 스타일, 또는 말이 긴 상대와는 성향상 맞지 않을 수도 있다.

또한 본인이 주도적으로 이야기하는 걸 좋아하고 상대의 대화를 일방적으로 끊는 경향도 있다. 대체적으로 제품의 설명이나 카탈로그 등을 잘 확인하지 않고 짧게 이야기하는 것을 선호하는 편이다.

● 자기주도형 고객 대응 방법

명확하고 간결한 이야기

목적과 결과에 중점을 둔 대화

효율적인 시간 관리

위의 대응방법을 기본으로 하는 것이 좋다. 세부사항과 작은 디테일까지 설명하는 것을 좋아하지 않기에, 간결하고 명확하게 이야기를 하는 것이 좋으며, 핵심적인 메시지만 확실히 전달하는 것이 좋다. 판매하고자 하는 약을 사용하게 되면 어떤 도움이 되고 어떤 이익이 되는지만 명확하고 확실하게 전달하면 된다.

이러한 자기주도형 고객의 경우 고객이 진행하는 업무나 과제 (모임, 활동) 등에 도움을 준다면 더욱 빠른 결과를 기대할 수가 있으며, 나의 방식보다는 당사자가 직접 결정하고 선택하게끔 해주며 기다리는 것이 좋다.

(2) 분석형 (Analytical)

● 유형: 부지런하고 고집이 세며 신중한 편이다. 경계적, 비판적, 우유부단한 면이 있으며 비개인적 성향이다.

● 우리는 어떻게 해야 할까? (Do)

잘 준비되어야 하며, 잘 들어야 한다.

구체적이고 논리적이어야 한다.

철저하게 질문해야 한다.

정중하게 대해야 한다.

시간을 줄여야 한다.

● Needs

정확한 일 처리가 필요하며, 논리적 체계적 접근이 필요하다.

고객의 의견과 사고를 지지해야 한다.

이치에 맞아야 하며, 즉흥적 감정 표출은 자제해야 한다.

증거제시와 지속적인 협력을 부탁해야 한다.

● Don't

흐트러진 모습을 보이지 말아야 한다.

늦지 말아야 한다.

강요하거나 속이지 말아야 한다.

무례하지 말아야 한다.

격식 없이 대하지 말아야 한다.

목적이 분명한 고객타입으로 현장에서 만나면 처음에는 어렵다거나 깐깐하다고 느끼는 타입이다. 항상 신중하고 분석적인 타입으로, 작은 부분까지도 확인하고 따지기에 처음 다가서기 매우 어려운 타입이다. 은근히 현장에서 가장 많이 만나는 타입 중 하나라고 생각하면 된다. 연구와 학구적인 부분을 좋아하는 타입으로 다른 사람들의 시선이나 상황보다는 본인이 납득하고 인정하는 것이 중요한 성향이다. 만남을 가질 때는 충분한 자료와 데이터를 가지고 준비된 상황에서 만나는 것이 좋다.

● 신중한 고객 대응 방법
자료에 대한 충분한 준비
가벼운 분위기 자제 (대화, 행동)
사적인 대화 자제
일관되고 성실하고 정직한 모습 필요

이러한 고객은 실수를 좋아하지 않기 때문에 차라리 부족한 부분은 분명하게 인정하는 것이 좋다. 준비되지 않은 상황에서 만남은 좋지 않으며 쉽게 보이는 가벼운 행동과 언어는 조심해야 한다. 외부적인 환경에 흔들리는 타입이 아니기에 자료와 내용을 충분히 검토한 후, 일관된 자세와 신뢰가는 행동으로 자료에 대한 충분한 설명이 되었다면 기다리는 것이 좋다.

(3) 온화형 (Amiable)

● 유형: 감동적, 수동적, 신비성, 외적, 내향적, 정중함, 우호적, 종속적, 순응적인 성형

● 우리는 어떻게 해야 할까? (Do)
친근함과 순수함, 관심을 표해야 한다.
본론에 들어가기 전에 잡담으로 분위기를 만들어야 한다.
말 이외의 관심 표현에 주의해야 한다.
격식이 없으나 위협적이지 않아야 한다.

개방적인 질문으로 상대방의 요구를 파악해야 한다.
"어떻게?"라는 질문을 많이 물어봐야 한다.
Dr.의 감정과 의견을 중시해야 한다.

● Needs
순조롭게 일을 처리하고, 갈등 없는 상황을 만들어야 한다.
협조적인 자세를 취하며, 인간관계를 중요시 여겨야 된다.

● Don't
전적으로 업무 중심적이지 않아야 한다.
빨리 대응하도록 재촉하지 않아야 한다.
토론의 주도권을 장악하지 않아야 한다.
급하거나 갑작스럽게 행동하지 않아야 한다.
거칠게 주장하거나 요구하지 않아야 한다.

새로운 것을 도전하는 것보다 기존의 검증되고 익숙한 것을
선호하는 타입으로 안정적인 업무스타일이다. 이런 고객의 경우
외부에서 보았을 때는 결정이 느리고 결정권이 없다고 생각할 수
가 있는데, 사실은 그게 아니라 다양한 환경을 고려하는 것이다. 효
율적 환경, 권한과 책임에 대한 명확한 것을 고려하기에 그렇게 보
일 수도 있다. 그만큼 신중한 타입이라 생각하면 된다.

제약영업, CSO를 만나다

● 체계적, 안정적인 고객 대응 방법

친분을 쌓기에 다소 시간이 걸린다.

꾸준한 관리 필요

다양한 성공적 사례 자료 제공

신뢰감을 주는 행동

앞서 언급했듯이 안정적인 부분을 선호하기에 변화에 맞는 다양한 사례를 제공하는 것이 좋고, 신중한 부분이 있기에 지속적인 관계 관리와 더불어 신뢰를 쌓는 것이 중요한다. 시간이 필요한 스타일이기에 인내심이 필요한 점을 잊지 말아야한다.

(4) 표현형(Expressive)

● Needs

주목받고 싶어하며, 비난받고 싶어하지 않는다.

효율적인 인간관계를 원한다.

사소한 일은 간과해도 된다.

● Don't

비개인적, 사업적, 또는 임무 중심적이지 않아야 한다.

사실과 수치 또는 세부 내용에 집착하지 말아야 한다.

법을 정하지 말아야 한다.

상대방의 의견을 누르지 말아야 한다.

옆길로 빠지도록 내버려 두지 말아야 한다.

이러한 성향의 고객은 낙천적이며 매우 친절하다. 잘 웃으며 대화 자체도 편안하고 긍정적인 느낌을 받게 한다. 사람들과의 관계를 가지는 것을 좋아하는 성향이 강함으로 이런 고객의 경우 표현 자체도 적극적으로 하는 것을 즐긴다. 어떠한 규칙이나 딱딱한 분위기를 싫어하기에 너무 영업적인 접근보다는 예의를 갖추되, 다소 편안한 분위기로 대하는 것이 도움이 된다.

● 사교성이 좋은 낙천적 고객 대응 방법

일관성 있는 이야기 (분위기에 휩쓸리지 않는)

경청하는 자세

다양한 주제에 관한 적절한 대응

제품에 대한 성공적인 사례에 대한 증거 자료

고객이 돋보일 수 있는 다양한 지원

지속적인 관심과 관계 유지

보통 이런 고객의 경우 병원 안팎으로 중요한 가이드와 키맨의 역할을 하는 경우가 많다. 성격상 다양한 활동을 하고 영향력을 행사하는 것을 좋아하기에 그에 맞는 전략이 필요하다. 제품사용에 대한 다양한 성공적 사례와 그 영향력에 어필하는 것이 좋고,

제약영업, CSO를 만나다

다양한 외부활동에 대한 지원을 하는 것도 좋은 방법이다. 관계적인 측면을 중요시 여기는 타입이라 이런 경우 주기적인 관계를 유지하는 것이 좋다.

간혹 굉장히 밝고 명랑하다는 표현이 어울리는 고객이 있다. 개방적이고 긍정적이며 어떻게 보면 가벼워 보이는 고객이다. 이런 경우 많이 하는 실수가 있는데, 영업사원도 덩달아 가볍게 행동해서 스스로 신뢰도와 전문성을 깎는 경우다. 적절한 대응과 반응은 좋지만 전문성과 신뢰성은 유지하는 게 좋다. 가벼운 분위기의 고객은 상대도 같이 기분을 맞추면 좋아는 하지만 오히려 진도가 앞으로 나가기 힘들게 되고, 자칫 잘못하면 상대가 실망하거나 기분 나빠할 수가 있으니 주의해야 한다.

- 감성적, 밝은 고객
  적절한 반응과 대응은 필수
  전문성과 신뢰성은 유지
  일정거리 이상의 거리를 확보
  적극적인 경청 자세는 중요
  분명한 예의는 필수

주의해야 할 부분은 사적인 이야기를 많이 해준다고 해서 나와 친분이 좋아졌다고 쉽게 판단하면 안 된다는 사실이다. 그리고 가벼운 주제라도 자칫 실수할 경우 돌이키기 쉽지 않기에 더더욱 조심해야한다.

유형별 고객 대응 방법을 간단히 정리해 보았다. 물론 앞서 언급한 유형별 고객이 답은 아니다. 당연하게도 다양한 생김새 만큼이나 다양한 고객이 있다. 그렇지만 모든 고객의 유형을 하나하나 설명할 수는 없기에 대략적으로 유형별 소개를 했다. 현장에서 직접 부딪히며 깨닫는 것도 중요하지만 최소한의 유형별 성향을 고민하고 숙지한다면 실수는 낮추고 성공은 높일 수가 있을 것이다. 유형별 고객은 최소한의 참고로 생각하는 것이 좋다.

"사람들이 원하는 모든 것은
자신의 얘기를 들어줄 사람이다."

_휴 엘리어트

커뮤니케이션 스킬 - 대화

커뮤니케이션 스킬 전략은 앞서 유형별 고객과는 다른 전략적인 기술이다. 어떠한 주제와 상황에 대하여 전략적이고 세부적인 스킬이다.

공감대를 통한 대화

제품에 대한 홍보보다 더욱 중요한 부분은 고객과 나와의 커뮤니케이션을 원활하게 만드는 것이다. 고객과 관계가 가까워질수록 영업의 성공 가능성은 커진다. 고객과 가까워지기 위한 전략은 무엇이 있을까? 우선 고객에 대한 다양한 정보를 수집하는 것이 필요하다. 병원 내부, 홈페이지, 원장실 내부 소품, 기사 검색 등 다양한 루트를 통해 공감대가 형성될 수 있는 부분을 파악하고, 관련 있는 특정 주제를 가지고 이야기를 시작하는 것은 많은 도움이 된다. 공감대 형성은 앞서 언급한 방법들도 있지만 최근 이슈와 의료 시장의 분위기로 시작해도 좋다. 나의 경우 미팅이 시작되면 원장실 내부를 스캔한다. 보통 원장실 내부에는 졸업장, 상장, 장식품, 가족 사진들이 있는데, 이를 통해 학교, 학회 정보는 물론이거니와 취미(골프, 프라모델, 야구 등), 가족 관련 정보 등 다양한 힌트를 얻을 수 있다. 그리고 이러한 정보를 바탕으로 다음 미팅 때 활용한다면 친밀도를 높이면서 이야기를 풀어나갈 수 있을 것이다.

칭찬을 통한 대화

칭찬을 받으면 누구나 기분이 좋아진다. 적절한 상황에 칭찬을 건네는 것은 영업에도 긍정적인 효과를 줄 수 있다. 예를 들어 "원장님 병원 진료도 바쁘신데 언제 이런 것도 하세요? 대단하십니다." 등의 칭찬은 대화를 부드럽게 이어갈 수 있는 윤활제 역할을 할 수 있다. 나의 경우, 자녀들과 주말에 자전거를 탔다는 이야기를 들었을 경우 "병원 진료로 바쁘고 힘드신데 주말에 애들이랑 자전거까지…… 진짜 대단하십니다. 생각보다 쉬운 일이 아닌데 매우 가정적이십니다."라는 식으로 이야기를 이어간다. 개인적인 팁을 하나 더 말하자면 여성 원장의 경우 귀걸이, 신발, 액세서리 등 작은 부분을 잘 살피고 칭찬을 하는 것이 도움이 된다. 그렇다고 칭찬을 남발하는 것은 좋지 않다. 진심이 담긴 마음으로 영업에 임하는 게 가장 중요하다.

간결한 대화

핵심을 요약해서 팩트 위주로 간결하게 전달: 일반 영업과는 다른 상황과 분위기에서 진행되는 것이 병원 영업이다. 병원에서 원장을 만나는 시간은 정말 짧다. 영업 초반에는 원장들이 다음과 같은 말을 자주 할 것이다. "시간 없으니 빨리해주세요." "간단하게 설명해 주세요." 그렇기 때문에 만남 시간을 효율적이고 효과적으로 만들어야 한다. 가장 좋은 방법이 내용과 핵심을 정리해서 전달하는 것이다. 그렇다고 제품 설명을 '이거 좋아요.'라고 툭 던지듯이 하면 안 된다. 제품에 대한 정보와 전달하고자 하는 제품의 핵심을 위주로 시작하되 분위기를 보면서 적절히 대화의 호흡을 맞춰나가는 것이 좋다.

비언어적 대화

제스처를 파악하는 방법: 대화의 방법은 언어 말고도 눈빛, 손, 자세 등 비언어적 표현들이 있다. 표정, 자세, 행동 등을 파악하고 분위기 전환하거나, 때로는 전략적인 후퇴가 필요하다. 원장이 전날 과음을 했거나 기분이 좋지 않아 보이면 좋은 느낌과 이미지만 심어주고 다음을 기약하는 것이 좋다. 일종의 전략적인 후퇴다. 일보 전진을 위한 이보 후퇴라는 말을 기억하자.

기본적 의료 용어 대화

제약 영업은 그 영업의 대상이 일반인이 아니라, 특정 전문 직업군인 의료인이다. 그렇기에 기본적인 용어와 단어는 알고 있어야 한다. 현장에서 원장들은 전문 용어를 그대로 사용하기에 원활

제약영업, CSO를 만나다

한 영업을 하고자 한다면 용어 정도는 미리 숙지하는 것이 좋다. 진료과와 관련된 전문 의학 용어를 비롯해서 소모품, 질환 관련 용어에 대한 이해는 필수다.

고객을 높여주는 대화

말 그대로이다. 고객을 응대하다 보면 각자 알고 있는 정보나 의견이 다른 경우가 있다. 이런 경우 쉽게 하는 실수 중 하나가 잘못된 부분을 지적하는 것이다. 이럴 경우 상대는 기분이 나쁘거나 자존심 상할 수가 있다. 특히 직업의 특성상 일부 원장들은 이런 부분에 민감한 경우가 많기에 유의하는 것이 좋다. 틀린 부분을 지적하기보다는 조심스럽게 우회적으로 확인시켜 주는 것이 좋다.

약속은 지키는 대화

약속을 지켜야 하는 것은 당연하다. 그러나 여러 명을 상대하다 보면 본의 아니게 약속을 지키지 못하는 경우가 생길 수 있다. 고객은 작은 약속이나 가볍게 한 말이라도 기억한다. 편하게 지나가는 말로 "다음에 샘플 하나 가져다드릴게요."라고 말을 했다면, 내 입장에서는 '언제가 되었든 간에 가져다주겠다'는 의미였지만, 고객은 그렇게 생각하지 않는다. 이런 작은 실수로 힘들게 쌓은 관계가 훼손될 수 있으니 메모하는 습관과 사소한 일이라도 기억하는 습관을 반드시 기르자.

전문가 같은 대화

우리는 불특정 다수에게 누구나 사용하는 물건을 판매하는 사람이 아니다. 전문적인 직업을 가진 사람만을 상대하는 전문가이기 때문에 전문가로서 자세와 지식이 필요하다. 제품에 대한 정보는 물론 경쟁 제품, 비교 제품에 대한 지식까지. 업종 전반에 관한 지식을 항시 숙지하고 있어야 한다. 그 외에도 관련된 의학용어와 임상 데이터, 논문 등 누군가에게 제공받은 자료를 넘어 스스로 다양한 정보를 습득하는 노력이 필요하다. 어떤 유형의 고객을 만나든 가장 기본은 스스로 전문가의 자세와 지식을 갖추는 것이다.

제약영업, CSO를 만나다

커뮤니케이션 스킬 - 자세

국민 MC라고 불리는 유재석이 내세우는 자신의 최고의 기술은 '경청'이라고 한다. 그만큼 의사전달을 하는 데 있어서 상대방의 말을 듣는 게 중요하는 뜻이다. 경청이란 기계적으로 듣는 행위가 아니라, 상대방의 의중과 의도를 파악해서 반응하는 행위다. 그래서 경청에도 기술이 필요하며, 잘 듣다보면 상대의 감정적인 부분까지도 파악을 할 수 있다. 잘 듣는 능력이야말로 인간관계의 시작이며 커뮤니케이션의 시작과 끝이다.

집중하는 자세

잘 듣는 방법은 의외로 단순하다. 집중해서 듣는 것이다. 그러려면 편하게 들을 때와 달리, 사용하는 단어와 용어에 담긴 의미를 연상해야 한다. 집중해서 듣는 것이 잘 될 때 상대방이 원하는 적절한 답을 찾아 줄 수 있으며, 상대방의 말 뒤에 숨겨진 의도까지 파악할 수 있다. 경청을 바탕으로 상호 만족감을 느끼며 대화를 이끌어 나간다면, 대화 상대방이 누구건 당신을 향한 그의 마음의 문은 활짝 열릴 것이다.

표정과 자세

내가 고객의 말을 진심으로 경청하고자 하는 자세로 집중하는 태도를 보이면, 나의 모습을 바라보는 상대방의 정서적, 신체적 자세도 변한다. 그러면 자연스럽게 신뢰를 얻을 수가 있으며 고객의 닫힌 마음도 열리게 되며, 결과적으로 편안한 분위기가 조성이 된다. 자동차를 구매하거나 고가의 물건을 구매한 경험을 떠올려 보자. 고가의 물건을 파는 영업 사원들의 정보 전달은 명확하다. 또한 그들은 고객 구매와 관련된 질문을 할 때, 고객이 의견을 말할 때 표정과 자세가 달라진다. 자동차 구매 경험을 떠올려 보아도 도움이 될 것이다. 필자의 경우도 자동차를 구매할 때 딜러의 경청 자세로 인해 그 자동차 브랜드의 호감도가 올라갔던 기억이 있다.

커뮤니케이션 스킬 - 기타

핵심을 찾아라

고객마다 말하는 스타일과 방식은 제각각이다. 그러므로 효과적인 영업을 위해서는 고객이 말하고자 하는 핵심을 빠르게 찾아내는 것이 중요하다. 그 핵심은 고객이 강조하거나 반복해서 하는 말이나 단어일 수도 있고, 처음과 마지막에 하는 말일 수도 있다. 나만의 방법으로 빠르게 그 핵심을 찾는다면 고객이 원하는 바를 보다 빠르게 파악할 수 있다.

몸의 언어

언어를 사용하는 것 이외에도 대화 상대방의 제스처와 표정, 눈빛 등 비언어적 표현을 예의주시하면 생각보다 많은 정보를 얻을 수가 있다. 그렇기에 대화 중에 일어나는 고객의 모든 언행을 놓치지 않고 보는 것이 중요하다.

눈싸움 자제

고객의 말에 경청하고 집중하기 위한 한 가지 방법은 대화 상대방과 올바른 시선을 유지하는 것이다. 하지만 우리나라 정서상 상대의 눈을 똑바로 보는 것은 실례일 수도 있으며 심지어 공격적으로 보일 수도 있다. 그렇다고 고객을 쳐다보지 말라는 것이 아니다. 한 조사에 의하면 상대의 눈이 아니라 상대의 인중 쪽을 보는 것이 상대방에게도 가장 편한 느낌을 준다고 한다. 너무 눈을 보기보단 시선을 내려주어 약간의 부담을 줄이는 것도 좋다. 메모를 하면서 시선을 분산시키는 것도 좋은 방법이다.

리액션

간혹 방송에서 '리액션이 중요하다' 혹은 '리액션 자판기다'라는 말을 들어본 적이 있을 것이다. 누군가와의 관계에서, 특히 커뮤니케이션에서 적당한 리액션은 반드시 필요하다. 리액션은 '난 당신의 이야기에 집중하고 있다', '난 당신의 이야기에 흥미와 관심이 있다'는 의미를 전달해 주기 때문이다. 물론 과한 리액션은 상대를 불쾌하게 만들 수 있다. 하지만 적절하고 타이밍에 맞는 리액션은 효율적인 커뮤니케이션에 도움을 준다. 예를 들어 이야기 도중 '와!', '놀랍네요!', '대단합니다.' 등의 간단하거나 짧은 감탄사는 대화 상대방으로 하여금 몰입감과 호감도를 높여준다.

이런 스킬을 이론으로 공부하듯 하지 말고, 자연스럽게 일상 속에서 익숙해지는 것이 좋다. 평상시에도 이러한 태토가 익숙해

제약영업, CSO를 만나다

진다면 세일즈는 물론 인간관계에서도 많은 도움이 될 것이다.

프레젠테이션 스킬

오랜 기간 제약 영업 분야에 종사해보니 프레젠테이션의 활용도가 낮은 편이다. 프레젠테이션보다는 대화를 바탕으로 한 영업을 진행하는 경우가 많기 때문에, 제약 영업을 위해서는 커뮤니케이션 스킬 함양에 집중하는 것이 좋다.

영업 효율성 및 영업분석의 중요성

(SFE: Sales Force Effectiveness)

제약 영업을 시작할 때에는 방문의 효율성이 중요하다. 사실 영업을 이미 하고 있는 사람들의 경우 타성에 젖어서 이런 부분을 고려하지 못하는 경우가 많은데, 영업 시작 단계에서부터 효율성을 고려해서 영업을 준비한다면 더 좋은 성과로 이어질 것이다.

다음은 방문 콜을 통한 제약사별 평가운영 유무 관련 내용*이다. 다수의 회사들이 방문의 효율성을 평가하고 방문율을 높이려 노력하고 있다. 방문율과 실적은 높은 상관관계를 가진다. 하지만 근로기준 관련 법령 등으로 인해 영업사원 관리에 어려움이 있어, 실적에 따른 결과로만 평가하는 방식을 택하는 회사가 많다. 그러나 영업사원의 입장에서는, 어떤 활동을 해야 더 좋은 결과가 나오는지를 알면 좋을 것이다.

이제부터는 영업 활동 분석을 통해 효율적인 활동을 할 수 있는 방법을 함께 알아보자.

*2021년 8월 기준

제약영업, CSO를 만나다

제약사	콜 운영 여부	콜 시간 제한	1일 콜 가이드	비고
녹십자	O	9시~18시	X	
대웅	X(시외출장비 정산시만)	9시~18시	X	관리자 자율로 근태 관리
동아ST	O	X	종병 14콜 / 의원 12콜	
보령	X	X	X	익일까지 콜리포트 입력으로 근태관리
영진	O	X	12콜	
유한	X	X	X	익일까지 콜리포트 입력으로 근태관리
일동	X	X	X	관리자 자율로 근태관리
일양	O	9시~18시	10	
제일	O	X	X	
종근당	X	X	콜리포트 4건 이상	당일 콜리포트 입력으로 근태관리
중외	O	9시~18시	6	
한독	O	X	X	
한미	X	X	X	관리자 자율로 근태관리
HK이노엔	X	X	X	관리자 자율로 근태관리
SK케미칼	O	8시 30분 ~ 19시	X	

제약 영업 방문 프로세스를 기간에 따라 3가지(일간, 월간, 연간 프로세스)로 나누어 보자. 그 이유는 최대한의 효율을 낼 수 있는 방향으로 프로세스에 맞추려 노력해야 하고, 수정이 필요할 경우 유연하게 변경, 이를 통해 본래 계획해둔 타깃처를 바꾸는 것이 효율을 높일 수 있기 때문이다.

MR의 일간 세일즈 프로세스

MR이 의사나 약사를 만나 영업하는 과정의 기본적인 세일즈 프로세스는 크게 방문 준비, 고객 면담, 방문 후 분석으로 구분할 수 있다. 일반적으로 모든 분야의 일간 방문 세일즈 프로세스는 거의 동일하다. 한 번의 병의원 거래선 방문을 하기 위해 방문 전 준비를 하고, 고객 면담에 임한다. 그리고 방문 후에는 거래선에서 이야기 나누었던 이야기들을 가지고 다음 방문을 철저히 준비해야 한다.

제약 세일즈에서는 고객에게 세일즈 프로세스의 세 과정을 계속 반복함으로써 목표로 하는 세일즈 결과를 만들어 가게 되는 것이다. 이러한 세일즈 프로세스 중 고객과의 면담은 개인의원의 경우는 직접 병원을 방문하여 진료실에서 면담이 진행되며, 종합병원의 경우는 진료실 또는 개인 연구실에서 면담이 이루어지기도 한다.

고객이 제품을 사용하기 위해서는 종합병원 이상의 경우, 신약 심의위원회(DC)를 거쳐 원내에 제품 사용 코드가 생성되어야만 사용이 가능하다. 이 경우, 제약 담당자들은 병원에 제품 사용 코드가 생성된 것을 '랜딩'이라고 부르기도 한다. 의원이나 개인병원의 경우는 직접적으로 사용권한자인 병원장이 승인하면 코드를 바로 등록하여 사용이 가능하다. 이를 제약 담당자들은 '코딩'이라고 한다.

MR의 월간 세일즈 프로세스

제약 영업 월간 루틴 방문 목표 설정 프로세스 과정: 제약 영업의 월간 방문 프로세스는 보다 더 디테일한 차이까지 고민이 필요하다. 최대한 많은 정보를 빠르게 파악하면서 횟수를 최대한으로 높이기 위한 방법, 목표 품목을 정하고 디테일을 차례대로 진행하기 위한 플랜 또한 필요하다.

(1) 거래 선마다 월간 방문횟수를 정한다.

무작위 방문을 하는 경우는 효율이 떨어지기 때문에 첫 방문 시에 정확하게 의사 혹은 약사의 성향을 파악해야 한다. 월간 편한 면담 요일이나 월간 방문횟수를 임의로 정하고 최대한 지키려는 노력이 필요하다.

(2) 거래선 월간 디테일 품목 목표를 정하고 이행한다.

거래선의 방문이 유의미하도록, 목표 품목을 최대한 빨리 정한 후 그 품목에 대해 인식을 시키고자 노력해야 한다.

(3) 거래선 월간 거래선 정보 수집의 목표를 정하고 이행한다.

방문하는 의사 혹은 약사의 성향과 선호하는 의약품, 그리고 경쟁사 등의 정보를 최대한 알아낼 수 있어야 한다.

MR의 연간 세일즈 프로세스

제약 영업 연간 목표 설정을 통해 구체화된 목표달성: 제약회사 영업은 장기 플랜이 필수이다. 거래선별로 짧게는 3개월부터 길게는 2년~3년의 플랜이 필요하다. 이는 하루 만에 모르는 사람과 계약을 끝낼 수도 있는 보험, 자동차 영업과는 다르기 때문이다. 처음 거절에 익숙해지고 유연한 대처가 필요하다.

(1) 연간 최대 방문 횟수와 품목의 기대 금액을 설정

연간 방문 횟수 대비 기대 품목에 대한 금액을 정하는 것은 그렇지 않을 경우와 많은 격차를 보인다.

(2) 최대한 빠르게 목표 거래선 10% 정도의 타깃 변경 필수

거래선마다 변화가 있다. 초기 방문과 달라지는 거래선의 상황들을 유연하게 파악해, 목표 설정을 변화시켜야 할 때는 유동적으로 대처해야한다.

영업 효율성의 중요성

의약품 관련 자료만 가득 든 가방을 들고 무작위로 병의원을 방문하는 것보다는 효율적으로 활동하는 것이 중요하다. 영업사원이 스스로 치밀하게 계산해서 영업을 하는 사람은 거의 없을 것이다. 그러나 제약회사들은 영업사원의 활동을 분석하고 최고의 효율이 나오는 데이터를 축적해 놓았다. 회사에서는 그렇게 수집한 데이터를 규정화된 영업 방문 프로세스로 매뉴얼화하여 영업사원들의 방문 효율성을 높이고 있다. 따라서 개인 영업사원들도 방문 효율을 생각하며 활동해야만 빠르게 원하는 목표 처방에 도달할 수 있다.

제약 영업뿐만 아니라 다양한 영업 관련 서적을 읽거나 강의를 들으면 이러한 프로세스나 계획을 강조하고 있다는 점을 공통적으로 발견할 수 있다.

왜일까? 답은 간단하다. 그런 과정이 중요하고 필요하기 때문이다. 영업은 제대로 된 계획과 프로세스가 없다면 한계에 봉착할 수밖에 없기 때문이다. 자동차 영업왕, 보험 영업왕이 등장하는 다큐를 보면, 그들의 고객 관리는 누구보다 철저하고 꼼꼼하고 세심하다는 점을 알 수 있다.

제약회사 영업 효율성 개선 시작

영업 담당자의 개인 역량에 의존한 영업 프로세스가 아닌 영업사원의 방문 프로세스를 정형화시켜 효율을 높이고자 하는 노력은 해외 제약사에서 먼저 시작되었다. 하지만 제약회사 입장에서 개인을 하루 단위로 통제하기는 거의 불가능하다. 다만 활동이 많은지 적은지를 파악하는 것은 가능하다. 영업사원의 노력의 결과는 숫자로 나오기 때문이다. 효율이 있는 노력이냐 아니냐에 따라 숫자의 크기가 달라질 뿐이다. 아래의 예를 살펴보자.

2000년 초반 일본의 고베 경영대학원 연구진이 일본 내 독일계 대형 제약회사의 영업 프로세스 개선에 대한 연구사례를 발표했다. 독일계 제약회사인 B사는 일본에 전국 단위 영업조직을 가지고 있었으며, 1,000명 이상의 영업사원이 활동하고 있었기 때문에 고베대학 연구진의 연구는 일본 내에서도 높은 관심을 끌었다.

고베대학 연구진이 들어가기 이전에도 B사는 이미 SFA(Sales force automation)시스템이 정착되어 있었고 이에 따른 KPI 지표들도 잘 설정되어 있었다. 다만, 그때까지는 KPI의 목적이 영업사원들의 육성에 초점이 맞춰져 있기 보다는 성과지표 관리적인 측면이 강했다. 이후 B사는 이러한 KPI의 목적을 인재 육성을 위한 프로세스 관리로 변경하고, 조직의 변혁을 꾀하는 정책을 실시했다.

B사 정책의 기본 내용은 이렇다. 영업사원(MR)의 기본 활동: (1) 많은 고객을 만난다. (2) 타깃 고객을 선택한다. (3) 임팩트 있는 상담을 진행한다. 이러한 3단계 프로세스 가운데 처음에는 되도록 많은 고객들을 만나고, 그 중 타깃 고객을 만날 수 있는 활동에 집중하도록 지시했다. 즉 행동의 양에 초점을 맞추었다. 영업 조직 전체를 처음부터 개선하는 것이 아니라 가장 기초적인 활동의 개선을 진행하도록 행동 설정을 함으로써 활동을 촉진시켰다.

일정 기간 활동의 양을 늘리는 연습을 진행한 후부터는 활동

제약영업, CSO를 만나다

의 질적인 측면을 강조하는 지시를 내리기 시작했다. 즉 면담에 활동의 초점을 맞추도록 한 것이다. 이 회사는 영업조직의 양적인 측면을 강조하다가 질적인 측면으로 초점을 변화시키는데 약 5년 정도의 시간이 걸렸다.

이후 일본의 제약 전문지인 월간 믹스가 밝힌 B사의 영업생산성(영업사원 한 명당 판매금액)은 2003년 11,340만 엔으로 일본 제약업계 24위였으나 2004년 13,810만 엔으로 18위, 2005년 15,630만 엔으로 8위, 2006년 15,220만 엔으로 10위, 2007년 17,160만 엔으로 11위, 2008년 16,540만 엔으로 9위를 기록했다.

물론 처음부터 전사적으로 이러한 정책을 진행시킬 수는 없었다. B사는 도쿄 본사의 일부 영업지점을 중심으로 파일럿 스터디 활동을 진행했다. 도쿄의 지점 중 다른 지점장들보다 리더십을 발휘하는 지점장이 있는 2개 지점을 골라서 중점적으로 스터디를 진행했다.

파일럿 스터디의 목적은 본 정책을 실행할 때 어떠한 문제가 발생할 것인가, 파일럿지점과 일반지점 사이에 어느 정도 차이가 발생할지를 확인하는 것이었다. 3개월간의 파일럿 활동으로 알 수 있었던 점은 지점장이 매니저에게, 매니저가 일반 영업사원에게 무엇을 위한 개선 활동인지 그 취지와 목적을 설명하는 것이 매우 중요하다는 점이었다. 결국 지점장이 충분한 설명을 하지 않는 경우 현장의 매니저나 영업사원의 동기가 향상되지 않게 되고, 이로 인해 활동에 문제가 발생한다는 것이 분명하게 밝혀졌다.

166

이를 기점으로 B사는 이 정책을 전국지점으로 확대할 때 전국의 지점장을 Key-Person으로 설정하고 지점장과 매니저들의 커뮤니케이션, 매니저들과 MR들의 커뮤니케이션에서 정책에 대한 취지와 목적을 분명하고 납득할 수 있게 설명하는 체제를 구축했다. 또한 필요한 자료들은 본사에서 현장이 요구하는 것들에 맞추어 전달했다. 이로 인해 전국 단위에서의 조직의 정보 교환이 활발해졌으며, 실질적인 매니지먼트 체계의 개선 효과를 얻을 수 있었다.

고베대학 연구진은 이러한 영업활동의 목적과 목표를 분명히 하는 기초적인 커뮤니케이션 개선과 작은 단위에서의 영업활동 개선을 중심으로 개선 정책을 진행했던 사례가 B사의 실적을 2004년부터 지속적으로 향상시켰다고 판단했다.

사실 상기의 내용들은 실제 B사가 진행했던 내용을 간략하게 요약한 것에 불과하고 커뮤니케이션을 활발히 하도록 영업 커뮤니케이션 개선을 위한 코칭과 세세한 방문 수 관리 등을 통해 개선에 대한 진척을 체크해 나갔다. 1일 방문수가 전사 일률적으로 16건이었던 것에서 지점의 상황에 맞게 개선들이 일어났다. 월 1회 매니저가 MR의 거래처 동행과 커뮤니케이션을 통해 방문의 동선 관리에 대한 커뮤니케이션, 거래처 정보에 대한 커뮤니케이션, 효율적인 대기시간 관리와 개선에 대한 커뮤니케이션 등이 일어났다.

이는 자연스레 방문 전 사전관리→현장동행→방문내용 재확인과 개선사항 파악 등의 인재육성 프로세스로 발전하게 되었다. 방문 전 사전관리를 위해 MR은 매니저와 동행하는 거래처에 대한 정보조사, 방문의 목적 등을 고민하는 습관을 만들었고, 개선사항을 점검하고 기록으로 남기는 활동을 하게 됐다. 회사는 이러한 정보를 모두 데이터로 기록해 매니지먼트 이력을 관리하여 남기도록 했다.

이러한 내용들이 축적돼 KPI를 보다 MR의 성장에 맞추어 설정하도록 KPI 설정 방향이 인재육성에 초점을 맞추어 바뀌게 된 것이다. 단순히 결과 지표를 관리하는 KPI가 아니다. 영업 방문의 양이 부족한 MR에게는 콜 수를 늘리는 지표로 설정하고 방문의 질에 대한 개선이 필요한 MR은 질적인 지표, 사전관리에 대한 역량이 필요한 MR에게는 사전관리지표 등으로 지표설정이 현실적으로 바뀌며 이에 따른 개선으로 평가를 하게 했다.

고베 대학 연구진이 발표한 이러한 활동의 또 다른 효과는 바로 MR의 동기 변화이다. 그 동안 MR은 이러한 세세한 활동지표 관리에 대해 자신들을 감시한다고 인식했다. 하지만 이러한 육성에 초점을 맞춘 지표관리를 통해 자신들의 현재 수준을 파악하고 활동 개선을 촉진시킨다는 정책에 대한 이해도가 높아졌고, 이는 활동의 결과로 나타났다.

방문의 양, 타깃 고객 방문(유효 방문), 임팩트 있는 상담, 이 3가지의 비율이 최초에는 8대 2대 0이었다면, 이후 정책을 통해 6대 4대 0, 1년 후에는 6대 3대1 등으로 변해가면서 스스로의 성취감, 달성감 등을 느끼게 되었다는 것이 고베 대학 연구진의 분석이다.

B사의 이러한 영업 프로세스 개선 사례는 이미 일본에서 2011년 이후 계속적으로 벤치마킹 되고 있고 B사 또한 지속적으로 연구를 이어가며 검증 작업을 실시하고 있다고 한다. 효율성을 중요시하는 일본 기업의 특성이 제약회사의 영업에서도 잘 반영되어 성공했던 사례 중 하나라고 볼 수 있다.

2015년 부터 한국에도 본격화 된 영업의 활동 효율

한국의 제약회사도 저성장시대를 맞이해 일본 제약회사들이 진행했던 영업조직의 체질 개선이 필요한 시점이라고 생각된다.

지금까지는 대부분 영업조직의 KPI 등 영업활동 지표를 활용하여 영업사원의 활동관리에 집중하려 했다. 2015년까지만 해도 제약사들이 이러한 여러 가지 지표를 활용하여 담당자를 평가할 필요가 없었다. 매출과 달성 실적으로만 평가하면 되었기 때문이다. 매출과 달성 평가를 통해 인센티브를 부여하고 그 후에 영업 방법은 영업사원의 몫으로 돌렸었다. 하지만 의약분업이 시행된 지 20여 년이 지난 지금은 오랫동안 이어진 기존 영업사원과 거래선의 돈독한 관계를 정부의 규제 때문에 합법적으로 진행해야만 하기 때문에 매우 어려워졌다.

그리고 영업 방법을 영업사원의 몫으로 돌리기도 쉽지만은 않다. 즉, 정부 역시도 영업사원의 영업 방법을 제약회사의 업무지시로 보기 때문에 어렵기는 마찬가지라는 말이다. 또한 인센티브를 많이 주는 것도 정부가 리베이트라고 판단하기 때문에 무작정 올

려주기 어려운 실정이다. 이에 방문 효율을 확인하고 영업사원을
관리하는 방향으로 진행하게 되었다.

CP의 이해와 필요성

공정거래 자율 준수프로그램(CP:Compliance Program): CP는 알아두면 좋은 정보(법률 배경)이다. 경험의 유무를 떠나 명확히 알고 있어야 하지만 범위가 넓어 완전한 이해는 어렵다. QnA 부분만이라도 숙지하자.

제도 개요

의약품 공급자(의약품 품목허가를 받는자 또는 의약품 도매상) 및 의료기기 제조업자가 의료인에게 제공한 경제적 이익에 관한 내용과 그 근거 자료를 기록하여 보관하고, 필요한 경우 보건복지부 장관에 그 내용을 보고하도록 하는 제도이다.

관련 법령

약사법과 의료기기법에 경제적 이익 제공 내용에 관한 지출보고서 관련 법령이 기재되어 있으며 아래와 같다.

약사법

제47조의2(경제적 이익제공 내용에 관한 지출보고서 제출)

1. 의약품 공급자는 보건복지부령으로 정하는 바에 따라 매 회계연도 종료 후 3개월 이내에 약사·한약사·의료인·의료기관 개설자 또는 의료기관 종사자에게 제공한 경제적 이익 등 내용에 관한 지출보고서를 작성하고, 해당 지출보고서와 관련 장부 및 근거자료를 5년간 보관하여야 한다.

2. 보건복지부 장관은 필요하다고 인정하는 경우 제1항에 따른 지출보고서와 관련 장부 및 근거 자료의 제출을 요구할 수 있다. 이 경우 의약품 공급자는 정당한 사유가 없으면 이에 따라야 한다.

약사법 시행규칙

제44조의2(경제적 이익제공 내용에 관한 지출보고서)

1. 법 제47조의2 제1항에 따라 의약품 공급자가 작성·보관하여야 하는 경제적 이익 등의 제공내역에 관한 지출보고서는 별지 제23호의3서식에 따른다.

2. 의약품 공급자는 약사, 한약사, 의료인, 의료기관 개설자 또는 의료기관 종사자가 본인에 대한 경제적 이익 등의 제공 내용에

관한 확인을 요청하는 경우에는 그 제공 내용을 확인해 주어야 한다.

의료기기법

제13조의2(경제적 이익제공 내용에 관한 지출보고서 제출)

1. 제조업자는 보건복지부령으로 정하는 바에 따라 매 회계연도 종료 후 3개월 이내에 의료인 · 의료기관 개설자 또는 의료기관 종사자에게 제공한 경제적 이익 등 내용에 관한 지출보고서를 작성하고, 해당 지출보고서와 관련 장부 및 근거자료를 5년간 보관하여야 한다.

2. 보건복지부 장관은 필요하다고 인정하는 경우 제1항에 따른 지출보고서와 관련 장부 및 근거자료의 제출을 요구할 수 있다. 이 경우 제조업자는 정당한 사유가 없으면 이에 따라야 한다.

의료기기 유통 및 판매질서 유지에 관한 규칙

제3조(경제적 이익 제공명세에 관한 지출보고서)

1. 법 제13조의2제1항(제15조제6항 및 제18조 제3항에서 준용하는 경우를 포함한다)에 따른 경제적 이익 등의 제공 내용에 관한 지출보고서는 별지 서식과 같다.

2. 법 제6조제1항에 따른 의료기기 제조업자, 법 제15조제1항에 따른 의료기기 수입업자 또는 법 제17조 제1항에 따른 의료기기 판매업자 및 임대업자는 의료인, 의료기관 개설자 또는 의료기

제약영업, CSO를 만나다

관 종사자가 본인에 대한 경제적 이익 등의 제공 내용에 관한 확인을 요청할 때에는 그 제공내역을 확인해 주어야 한다.

위반 시 처벌 대상
아래에 해당될 때에는 200만 원 이하의 벌금이 부과된다.

지출보고서를 작성하지 않는 경우
지출보고서와 그 근거자료를 보관하지 아니한 경우
지출보고서를 거짓으로 작성한 경우
정당한 사유 없이 지출보고서와 관련 장부 및 근거자료의 제출 요구에 따르지 아니한 경우

자주 찾는 CP 관련 질문

Q. 의약품 공급자 및 의료기기 제조업자 등이 지출보고서 작성 의무가 없는 대행업체를 통해 경제적 이익을 제공한 경우 지출보고서를 작성해야 하는지?

A. 대행업체에 업무를 위탁한 의약품 공급자 등이 이를 작성 · 보관해야 합니다. 의약품 공급자 등이 아닌 대행업체의 경우, 문언상 지출보고서를 작성 · 보관할 의무가 없다 하더라도, 그 행위는 의약품 공급자가 수행해야 할 업무를 대신하여 수행하는 것이므로 그 책임은 궁극적으로 의약품 공급자 등에 귀속된다고 할 것입니다. 따라서, 의약품 공급자 등은 대행업체가 제공한 경제적 이익이라 하더라도 이를 관리하고 작성 · 보관해야 합니다.

Q. 의약품 공급자 간 공동 프로모션(Co-Promotion) 진행 시 지출보고서 작성 및 보관 의무는 누구에게 있는지?

A. 약사법 제 47조의2 제1항에 따라 지출보고서 작성 및 보관 의무는 의료인 등에게 경제적 이익을 제공한 의약품 공급자에게 있습니다. 따라서 두 개 이상의 의약품 공급자들이 코프로모션(Co-promotion)등 공동판매를 진행하는 경우, 관련 품목의 허가권이 어느 회사에 있는지 상관없이 각자 자신이 행한 경제적 이익 제공 행위에 대하여 지출보고서를 작성 · 보관해야 합니다.

Q. 지출보고서 작성을 완료한 이후 금액 등 경제적 이익을 추가로 제공했거나 일부 환수한 경우 작성 방법은?

A. 경제적 이익을 제공한 회계연도와 추가 제공한 회계연도가 다른 경우에는 해당 회계연도별로 각각 작성하며, 회계연도가 다르지 않은 경우에는 회계연도 종료 시점 기준으로 작성합니다. 아울러 회계연도 종료 3개월 이후 경제적 이익 제공 사실이 변경된 경우가 아닌 단순 기재 오류로 정정을 해야 하는 경우에는 지출보고서 정합성 제고를 위해 영수증 등 근거자료에 맞게 즉각적으로 수정하는 것이 바람직합니다.

Q. 의료기관 개설자 등이 소속 의료인 등에 대한 지출보고서 작성 내역의 확인을 요청하는 경우, 이를 확인해줘도 되는지?

A. 지출보고서 확인은 본인에 관한 내용에 한합니다. 따라서 소속 의료인을 고용하거나 감독하는 관계에 있는 경우라 하더라도 본인 이외에 이를 확인해 주어서는 안 되며, 이 경우 민·형사상 책임을 지게 될 우려가 있습니다.

Q. 회계연도 종료일로부터 3개월이 경과하지 아니하여 지출보고서 작성을 완료하기 이전에 의료인이 지출보고서 확인을 요청한 경우에도 이를 확인해줄 의무가 있는지?

A. 지출보고서 작성 완료 의무는 회계연도 종료 후 3개월이 지난 시점에 완성됩니다. 따라서 의약품 공급자 등은 작성 완료 의무

가 없는 시점에 이를 의료인에게 확인해 주어야 할 의무는 없습니다. 다만, 의약품 공급자 등은 회계연도 종료일로부터 3개월이 경과한 이후에는 의료인의 요청에 응해야합니다.

Q. 견본품 제공시 요양기관기호를 알 수 없을 때 작성방식?

A. 요양기관기호 확인이 곤란한 경우에는 요양기관을 식별할 수 있는 소재지 등의 정보로 대체 가능합니다. 이 경우 그 사유를 같이 작성해야 합니다.

Q. 견본품 제공과 구매전 의료기기 성능 확인을 위한 사용의 작성 기준은?

A. 경제적 이익을 제공한 의료기기 제조업자 등의 제공 목적에 부합하게 작성하는 것이 원칙입니다. 예를 들어 구매 전 의료기기 성능 확인을 위해 제공한 것이라면 구매 전 의료기기 성능 확인을 위한 사용에 기재하고, 견본품 제공을 위해 제공한 것이라면 견본품 제공에 기재하면 됩니다. 통상적으로 소모성 의료기기의 경우에는 견본품 제공으로, 의료 장비 등 반복적 사용이 가능한 의료기기의 경우에는 구매 전 의료기기의 성능 확인을 위한 사용으로 관리하는 것이 타당할 것입니다.

Q. 학술대회지원시 국내 위임받은 단체를 통해 국외학술대회 주최자를 지원하는 경우 주최기관 작성 방법은?

제약영업, CSO를 만나다

A. 국외학술대회 지원에 대한 주최자는 국외학술대회 주최자와 국내 위임단체명을 모두 기재하여야 합니다.

Q. 2개 이상의 제약사가 공동으로 제품설명회 진행시, 식음료 지원금액은 어떻게 진행할까?

A. 제품 설명회에 따른 식음료 지원은 개별 제약회사가 제공한 금액이 아니라, 실제 의료인 등이 제공받은 식음료의 가치를 기준으로 작성합니다. 예를 들어, 2개의 제약사가 공동으로 제품 설명회를 진행하였고 3만 원의 식음료를 제공한 경우에도 1만 5천 원 (3만 원/2)을 기록하는 것이 아니라, 3만 원을 기록하는 것이 원칙입니다.

Q. 제품설명회및 교육 훈련의 강연자에게 지급된 강연료및 교통비 등의 경우에도 지출보고서 작성 대상인가?

A. 강연자에 대한 강연료 등 대가지급은 지출보고서 작성 대상에 해당하지 않습니다. 다만, 강연 전후로 제품설명회 또는 교육·훈련에 참가하여 참석자로서 식음료, 기념품 및 교통비 등을 수령한 경우에는 작성대상에 해당합니다.

Q. 다년간 지속되는 시판 후 조사의 경우 지출보고서 작성 기준 시점은?

A. 원칙적으로 지출보고서의 작성 기준시점은 경제적 이익 제

공의 시점입니다. 따라서 다년 간 지속되는 임상시험이라 하더라도, 연구비 지급시점(경제적 이익 제공된 시기가 포함된 회계연도)에 따라 지출보고서를 작성해야 합니다.

Q. 시판 후 조사 사례금 일부를 선금으로 지급하였으나, 해당 연도에 사례보고서를 받지 못한 경우에도 작성해야 되는지?

A. 지출보고서는 실제 시판 후 조사 또는 임상시험 등의 완료 여부에 관계없이 경제적 이익이 제공된 시점을 기준으로 작성합니다. 따라서 사례보고서를 받지 못한 경우에도 경제적 이익이 지급된 경우 작성해야 합니다.

Q. 지출보고서 외 근거자료의 구체적인 양식이 있는지?

A. 특정한 별도의 양식만을 인정하는 것은 아니며, 지출보고서 상에 작성해야 할 내용의 확인만 가능하면 증빙자료로 인정될 수 있습니다.

Q. 전자적 형태로 지출보고서 관리가 가능한지?

A. 관리 용이성 및 경제성을 고려하여 지출보고서는 전자적 형태의 파일(Excel 등)로 보관 가능합니다.

의약품 지출보고 필요성

제약 산업이 사람의 생명과 연관된 의약품을 다루는 만큼 다른 산업보다 높은 윤리의식이 필요하다는 인식이 강화되고 있다. 제약사의 윤리경영이 단순한 기업 이미지 개선이 아닌 필수적인 요소로 인식되면서, 업계 투명성 강화를 위한 요구도 높아지고 있는 상황이기에, 한국제약협회(KPMA)와 한국글로벌의약산업협회 (KRPIA)는 국내 제약 기업의 윤리경영 실천방안을 모색하고 지키기 위해 노력하고 있다.

전 세계적으로 공정경쟁의 자율규제를 장려하고, 위반행위를 대중에게 공개하는 등 투명성 제고에 대한 관심이 높아지고 있다. 제약업계와 보건의료 전문가 등 모든 이해 당사자의 윤리기준이 높아져야 한다. 제약업계의 투명성 제고를 위해서는 제약사뿐 아니라 요양기관과 의료인의 참여가 필요하다. 자정노력을 뒷받침하기 위해서는 관련자들의 합의에 의해 이루어진 지침을 마련하는 등 시스템 구축이 절실하게 필요하다. 윤리적인 업무 수행은 필수지만, 업계에 통일된 행동강령과 예측 가능한 운영 시스템 구축이 뒤따라야 자율행동강령의 실효성을 높일 수 있다. 한국제약협회(KPMA)와 한국글로벌의약산업협회(KRPIA) 회원 회사들은 2015년 공정거래 관련 법규를 자율적으로 준수하기 위해 운영하는 준법시스템인 자율준수프로그램(CP : Compliance Program)을 선포하고 실천하고 있다.

CP는 제약 영업인이라면 꼭 알고 영업을 해야 하는 교통 법규와 같다.

제약영업, CSO를 만나다

제약 영업 마케팅의 미래와 영업방법

현재 다수의 제약회사에서 영업인력은 외주화를 하고 마케팅은 온라인에 집중하고 있다. 또한 메이저 회사들이 앞다투어 회사의 플랫폼을 만들어 의사와 약사에게 회사 제품을 홍보하려 한다. 메디게이트에서 의사들의 온라인 활용과 디지털 마케팅 인식에 대한 설문조사를 했는데, 의사가 디지털 마케팅에 참여하는 이유는 웨비나(Webinar) 참석, 학술정보 검색 및 조회, 의약품 관련정보 조회 및 요청, 병원 경영정보 획득 순으로 나왔다.

국내 제약사 온라인 마케팅

국내 제약사 역시 온라인에 집중하고 있다. 다만 외국계 제약회사는 학술적인 부분에 집중하는 반면, 국내 제약사의 온라인 페이지는 상권분석, 키워드 분석, 심사 청구 등 의료인에게 학술 이외의 서비스에 집중하는 편이다.

의료 전문 포털 HMP

외국계 제약사 온라인 마케팅

2021년 메디게이트 설문 조사(의사 1,012명에게 설문)에 의하면 제약사 마케팅 활동 중 가장 유익한 마케팅 활동은 오프라인 심포지엄과 세미나가 44.5%로, 2020년 조사 결과(51.4%) 대비 소폭 하락했다. 그 뒤로 온라인세미나, 영업사원의 제품 디테일, 온라인 제품 디테일, 화상 디테일 순으로 조사되었다. 아직까지는 오프라인 활동이 더 유용하다는 이야기다. 이와 별개로 좋은 평가를 받은 마케팅으로는 비아트리스 코리아의 비아링크, 화이자의 화이자링크, 전화 및 원격 디테일, 얀센의 학술정보 검색, 아스텔라스의 화상 디테일 활동, 길리어드의 제품정보 이메일 발송 등이었다.

의료전문가를 위한 GSK PRO

이는 외국계 제약회사와 국내 제약사의 제품의 차이라고 말할 수 있으며, 제네릭의 약효와 사용 방법은 의료인들이 이미 잘 알고 있다는 것을 의미한다. 반대로 오리지널의 약효, 사용방법과 논문 등의 자료에 대해 의료들이 알고 싶다는 것은 그만큼 홍보가 더 필요하다는 이야기이다. 그런데 이렇게 많은 제약사들이 온라인 플랫폼으로 가려는 이유는 무엇일까?

제약영업, CSO를 만나다

높아져만 가는 인건비, 제네릭 분야에서의 무한경쟁 등으로 인해 제약회사들은 자사의 인지도를 높이면서 온라인 플랫폼을 활용하는 의사에게 리워드를 주려고 노력하고 있다. 그렇다면 앞으로 모든 영업사원들은 온라인으로 대체 될 것인가?

그렇지는 않을 것이다. 그 이유는 온라인보다 오프라인 영업이 훨씬 파급력이 있는 특수한 산업군이기 때문이다. 환자를 보는 시간이 대부분인 의사나 약사들을 대상으로 한 온라인 홍보는 상당한 투자가 있어야 인지도 상승이 가능하다. 하지만 인지도 때문에 의약품을 선택하더라도, 결국 의사나 약사의 주변에는 다수의 영업사원들이 있기 때문에 그들의 결정은 바뀌기 쉽다. 다만, 온라인 마케팅을 꾸준히 진행하는 회사의 인지도가 상승하는 것은 분명한 사실이다.

제약 영업인의 변화

그렇다면 이렇게 변화하는 온라인 마케팅 환경에서 제약 영업인들은 어떻게 대처해야 할까?

1. 개인의 역량 강화가 필요하다. 남들과 다른 영업 노하우를 터득해야 한다.

2. 마케팅 활동의 다양성에 대한 아이디어가 필요하다. 단순한 물리적 활동으로는 한계가 있다.

3. 디지털 매체를 적극적으로 활용할 수 있는 마케팅 능력이 필요하다.

제약 영업 우수 사례

갑작스러운 코로나 팬데믹으로 인해 전 제약사의 오프라인 심포지엄이 무기한 연기되거나 취소되었다. 이때 제약회사 심포지엄에 처음 등장한 것이 GSK 드라이브 스루 심포지엄이다.

이는 야외 자동차 극장과 같은 개념이었는데, 지금은 익숙하지만 심포지엄으로서 드라이브 스루를 접목하는 게 당시로서는 최초였고 획기적이었다. 이러한 독특한 마케팅은 제약사의 마케팅 활동에 기여했음은 물론 영업사원들에게도 이미지 상승의 기회로 작용했다.

제약 영업 잘못된 마케팅 사례

마케팅 활동을 통해 긍정적인 결과를 낸 경우도 있지만, 이와는 반대로 마케팅 활동이 오히려 부정적인 인상을 심어준 사례도 있다. 호텔에 숙박을 하며 노트북으로 회의에 참석하는 Y제약사의 마케팅이었다. 코로나로 정부에서 모임 자제를 요청하던 시기에 어떻게 해서든 호텔 심포지엄을 해보려 했던 노력이 오히려 리베이트 논란과 의사들의 불쾌감을 유발하여 실패한 경우이다.

앞서 언급했던 멀티 채널과 옴니 채널을 기억하는가? 지금까지 이야기한 것들은 제약회사들의 움직임과 변화에 따른 대응을 설명하고자 하는 것이었다. CSO를 준비하면서 전체 제약회사들의 동향은 반드시 주시해야 한다. 하지만 무엇보다 중요한 것은 제약

제약영업, CSO를 만나다

회사의 변화에 대응하여 내가 무엇을 준비하고 어떤 점을 특화 시킬 것인가를 고민해야 한다는 점이다. 쉬운 예를 들어보자. 대형 제약회사에서 운영 중인 웹사이트의 경우 광범위하고 포괄적인 콘텐츠를 제공한다. 어떤 관점에서는 이것이 CSO를 준비하는 사람들에게는 기회일 수 있다. 만약 영업을 계획하면서 제약회사가 제공하는 광범위한 정보 대신 선택과 집중으로 선별된 정보를 제공한다면, 제약회사의 방식과 차별화된 나만의 전략으로 성공이 가능하다.

의료기관의 종류

병원은 우리 주변에서 쉽게 접할 수 있지만, 정작 일반인들의 병원이라는 기관에 대한 이해도는 낮기 때문에 이번 기회에 정리해 보고자 한다. 처음 제약 영업을 시작하고자 하는 경우 다음 사항들을 반드시 숙지했으면 한다.

우리가 흔히 1차, 2차, 3차 병원이라고 쓰는 용어의 정식 명칭은 1단계, 2단계, 3단계 의료급여 기관이다. 이들을 구분하는 기준은 병상 수, 또는 진료과목 등 다양하다. 대개 1차 병원은 외래 환자만 진료하거나 30인 미만의 환자 입원이 가능하다. 동네 의원이나 보건소 등이 여기에 해당된다. 2차 병원은 30인 이상의 환자가 입원할 수 있으며 법적 진료과목 요건을 갖춘 병원이다. 그리고 3차 병원은 대형 병원이라 불리는 병원들을 일컬으며, 상급 종합병원으로 구분된다. 규모가 큰 종합병원 및 대학 병원 등이 여기 해당된다.

종합병원 (General Hospital, 綜合病院)

의료법에 따라 100개 이상의 병상과 7개 또는 9개 이상의 진료과목, 각 진료과목에 전속하는 전문의를 갖춘 제2차 의료급여 기관을 말한다.

주로 입원환자를 대상으로 의료행위를 하는 병원급 의료기관의 하나로, 의료급여법에서 규정(제9조)한 제2차 의료급여 기관에 해당한다. 종합병원은 일반적으로 병상의 규모와 진료과목을 기준으로 분류하는데, 나라마다 차이가 있다. 한국의 의료법은 종합병원 개설 조건으로 100개 이상의 병상을 갖추도록 규정하고 있다. 또한 100병상 이상 300병상 이하인 경우에는 내과, 외과, 소아청소년과, 산부인과 중 3개 진료과목, 그리고 영상의학과, 마취통증의학과와 진단검사의학과(또는 병리과)를 포함한 7개 이상의 필수진료과목을 갖추고 각 진료과목마다 전속하는 전문의를 두어야 한다.

300병상을 초과하는 경우에는 내과 · 외과 · 소아청소년과 · 산부인과 · 영상의학과 · 마취통증의학과 · 진단검사의학과(또는 병리과) · 정신건강의학과 · 치과를 포함한 9개 이상의 필수진료과목을 갖추고 각 진료과목마다 전속하는 전문의를 두어야 한다. 필수 진료과목 외에 추가로 진료과목을 설치 · 운영할 수 있으며, 이 경우의 진료과목에 대하여는 해당 의료기관에 전속하지 않은 전문의를 둘 수 있다.

종합병원 개설은 해당 시 · 도지사의 허가를 취득하여야 하고, 중환자실(300병상 이상), 수술실(외과계 진료과목이 있는 경우), 응급실, 임상검사실, 방호시설을 갖춘 방사선 장치, 회복실(수술실이 있는 경우), 물리치료실, 병리해부실, 의무기록실, 소독시설, 냉장시설과 소독시설을 갖춘 시체실, 급식시설 · 세탁물 처리시설 · 적출물 처리시설(위탁하는 경우에는 제외), 자가발전 시설, 구급자동차 등의 시설을 구비하여야 하며, 장례식장을 설치할 수 있다.

한편, 20개 이상의 진료과목과 각 진료과목마다 전속하는 전문의를 두고 중증질환에 대하여 난이도가 높은 의료행위를 전문적으로 하는 종합병원은 소정의 요건을 갖추면 상급종합병원(제3차 의료급여기관)으로 지정될 수 있다.

심사평가원 자료에 의하면 2021년 상급종합병원은 44개 병원, 100병상 이상의 병원은 274개가 있다. 또 30병상 이상인 의료기관은 1,671개이다. 상급 병원 수는 거의 변화가 없으나 종합병원은 매년 조금씩 증가하는 추세다. 같은 자료에 의하면 진료비 비중은 상급 종합병원은 매년 늘어나고 있으나, 일반 종합병원의 비중은 감소하는 추세다.

준종합병원(Semi-Hospital, 準綜合病院)

준종합병원은 대형 종합병원에 비해 규모가 작은 30병상 이상 100병상 미만을 말한다. 특정 진료과목이나 특정 질환 등에 대하여 난이도가 높은 의료행위를 하는 병원으로 특정 진료과를 중

심으로 여러 개의 진료과가 같이 있거나 가까운 지역 내 대형 종합
병원이 없어서 환자들이 자주 찾는 진료과목을 개설하여 운영하는
형태의 병원이다.

의원(Clinic, 醫院)

1차 의료기관이다. 의원과 병원을 구분하는 기준은 환자를
입원시킬 수 있는 병상의 숫자다. 의원에서는 일상적인 건강 상담
과 함께 해당 전문과목이 아닌 부분도 상담해주고, 그에 따른 안내
도 해준다.

의료법 시행규칙의 규정에 의하면 의원이 표시할 수 있는 진
료과목은 내과, 신경과, 정신과, 외과, 정형외과, 신경외과, 흉부외
과, 성형외과, 마취통증의학과, 산부인과, 소아청소년과, 안과, 이
비인후과, 피부과, 비뇨기과, 영상의학과, 방사선종양학과, 병리과,
진단검사의학과, 재활의학과, 결핵과, 가정의학과, 핵의학과, 산업
의학과 및 응급의학과 등이다.

보건소(Health Center, 保健所)

국가 보건행정의 합리적 운영과 국민보건의 향상을 도모하
기 위한 의료기관(보건소법 1조)이다.

보건소는 지방자치단체의 조례가 정하는 바에 따라 전국의
각 구·시·군에 설치되어, 공공부문의 지역보건활동에 중추적 역
할을 담당하고 있다. 보건소는 행정구역과 거주인구 등에 따라 대

도시형·중도시형·소도시형으로 구분되나, 보통 의사인 보건소장 밑에 사무장과 보건지도과·방역과 등이 있다. 보건소는 지방자치단체장의 지휘·감독을 받으며, 보건의료에 필요한 기술과 국고 및 도비의 재정지원을 받는다(9조).

주요 업무는 ① 전염병 및 질병의 예방·관리, ② 보건통계 및 보건의료정보의 관리, ③ 지역보건의 기획·평가, ④ 보건교육, ⑤ 영양개선·식품위생·공중위생, ⑥ 학교보건에 관한 협조, ⑦ 보건에 관한 실험·검사, ⑧ 구강위생·정신보건·노인보건 및 장애인의 재활, ⑨ 모자보건·가족계획, ⑩ 보건지소·보건진료소의 직원 및 업무에 대한 지도·감독, ⑪ 의업에 대한 지도, ⑫ 기타 의료사업 및 국민보건의 향상과 증진에 관한 사항 등이다(6조).

보건소는 의사, 치과의사, 한의사, 약사에게 그 시설을 이용하게 할 수 있으며(7조), 시설 이용자나 진료를 받은 자로부터 수수료 또는 진료비를 받을 수 있다(8조). 보건소의 업무활동을 분담시키기 위하여 각 읍·면에 보건지소를 두고 있다.

보험과 제약 (건강보험공단, 건강보험심사평가원)

건강보험 재정 문제에 따른 정부의 약가 인하 정책은 지속될 전망이다. 또한 인구노령화, 만성질환 증가, 고가의약품 처방의 증가로 향후 건강보험 재정 고갈에 대한 우려는 더욱 커질 것이다.

우리가 판매할 제약회사의 의약품들은 사기업에서 만드는 것

이지만, 사회의 공공재의 개념으로 접근을 해야 이 개념을 설명 할
수 있다.

정부에서 국민의 건강을 유지하여 사회적 비용의 절감을 이
끌어내기 위함이기도 하다. 정부는 의료관련 비용 전반에 관여를
하고 있으며, 이는 세금을 기반으로 운영중이다. 이에 제약회사의
약값도 인하시켜 늘어나는 고령화, 만성질환 환자 등에게 들어가
는 건강보험료 증가를 줄이려 노력한다. 하지만 그로 인해 제약 산
업 전반에 여러 부작용들이 발생하고 있다.

국민건강보험공단

국민건강보험공단(國民健康保險公團, National Health Insur-
ance Service)은 대한민국 국민의 질병과 부상에 대한 예방, 진단,
치료, 재활과 출산, 사망 및 건강 증진에 대하여 보험 급여를 실시
함으로써 국민 보건 향상과 사회 보장 증진에 기여하고 있다. 특히
일상생활을 혼자서 수행하기 어려운 노인에게 신체활동 또는 가사
활동 지원 등의 요양 급여를 실시함으로써 노후의 건강 증진과 생
활 안정 도모를 꾀하고 있다. 이러한 목적으로 국민 건강 보험법에
의거 국민의료보험관리공단과 직장 조합(139개 조합)을 2000년 7
월 통합하여 출범한 대한민국 보건복지부 산하 위탁집행형 준정부
기관이 바로 국민건강보험공단이다.

주요업무

전직원 1만 6천명 중 상당수가 건강 보험료의 부과, 징수, 보험급여, 노인장기요양보험, 건강검진대상자 건강검진안내서, 건강검진표 송달 업무를 수행하고 있다.

건강보험심사평가원

건강보험심사평가원(健康保險審査評價院, Health Insurance Review & Assessment Service)은 대한민국 정부의 기능을 위탁받아 2000년 7월 1일에 설립된 준정부기관으로서 강원도 원주에 있는 1개 본원과 서울, 부산, 대구, 광주, 대전, 수원, 창원, 인천, 의정부, 전주 10개 지원이 있다.

요양급여 비용 심사

병원이나 의원, 약국 등에서는 환자를 진료하고 환자로부터 일부 금액은 본인이 부담하고 나머지 진료비는 건강보험심사평가원에 청구한다. 건강보험심사평가원은 청구된 진료비에 대해 국민건강보험법에서 인정하는 기준으로 올바르게 청구하였는지를 확인한다. 이는 국민이 공정하고 적절한 의료서비스를 받을 수 있도록 보장해주고, 부적절한 진료비용이 발생하는 것을 방지하기 위함이다.

요양급여의 적정성 평가

의학적 면과 비용 대비 효과의 관점에서 진료가 적절하게 이

제약영업, CSO를 만나다

루어졌는지를 평가하여 의료기관에 그 결과를 알려줌으로써 의료
서비스의 질을 향상시킬 수 있도록 돕는다. 이를 '요양급여 적정성
평가'라 하며, 국민에게 제공되는 의료서비스에서 부적절한 진료
를 최소화하고, 진료 행태를 개선하는 기능을 하고 있다. 2001년부
터 시작한 요양급여의 적정성평가는 현재 수술의 예방적 항생제,
급성심근경색증(AMI), 뇌졸중, 감기 항생제, 주사제 등 17개 항목
으로 확대되어 76개의 평가지표를 개발, 시행하고 있다.

진료비 확인 신청 제도

국민들이 의료기관 이용 후 본인이 부담한 진료비가 건강보험
법에서 정한 기준에 맞게 책정되었는지를 확인하여 잘못 지불한
진료비가 있을 경우 환불받을 수 있도록 돕는다. 이 제도는 건강보
험법에서는 '요양급여대상여부확인'이라고 한다. 2009년도에는
확인 신청한 43,958건 중 18,629건에서 발생한 72억 3천만 원이
민원 신청인에게 환급되었다. 또한 2010년 10월 기준으로 10,781
건 약 43억 원이 민원신청인에게 환급되었다.

정부 업무 지원

다른 법령의 규정에 의하여 지급되는 진료 비용의 심사 및 평
가 위탁 업무 / 의료급여 진료비 심사 및 평가 / 국가보훈대상자 진
료비 심사 및 평가 / 공상환자, 무료진료환자 진료비 심사 및 평가
/ 자동차 보험 진료비 심사 및 평가 등이 있다.

요양기관 현지조사

요양기관 진료 및 비용청구가 사실에 근거하여 적법하게 청구되었는지 요양기관을 방문하여 조사하고, 그 결과에 따라 부당이득 환수 및 행정처분 등을 하는 보건복지부의 현지조사 업무를 지원하고 있다.

패션의 경우 프랑스, 뉴욕, 이태리의 패션쇼를 보는 이유는 올해의 트랜드가 국내외 영향과 반영이 되기 때문이다. 그와 마찬가지로 국내 제약시장을 이해하기 위해서는 해외 제약시장의 변화를 알 필요가 있다. 제약회사가 있는 모든 나라에는 영업사원이 있다. 모든 영업사원들은 우리나라와 같은 업무를 담당하고 있다. 선진국에서는 제약 영업을 배울 수 있는 전문 대학도 있으며, 의사/약사 영업사원도 있다. 이미 선진국에서는 영업의 형태의 변화가 수십년전 이루어져 있었으며, 이와 비슷한 방식으로 2000년대 초 우리나라 제약 산업에 이미 뿌리내렸다. 단, 우리나라 영업 방식은 일부 제약사와 마케팅 대행 계약을 체결하고 영업하는 방식이었는데, 이를 통해 판권을 따온 제약사들은 엄청난 성장을 이루었다.

국내 제약사 역시 오래 전부터 해외의 유명 제약회사의 제품을 코마케팅(Co-marketing), 즉 판매대행을 통한 영업방식으로 성공하여 대형 제약사로 커졌다는 점을 생각해 볼 필요가 있다.

제약영업, CSO를 만나다

세계의 제약 영업사원

미국에서도 제약 산업 자체적으로 MR 활동 관련 규제 지침이 있었다. 이로 인해 미국 제약회사들은 마케팅 전략을 바꾸었다. 약제 효과와 부작용을 제대로 설명하는데 초점을 맞추고, 선물 증정 등의 서비스를 줄였다. 그리고 의사에게 24시간 365일 원하는 시간에 원하는 정보를 줄 수 있도록 했다. 인터넷, 전화, 메일, 면담 등을 통한 시스템을 구축해왔다. 국내에 최근에 적용된 CP를 앞서 적용했다고 생각하면 될 것이다.

제품설명회의 장소도 야구장, 공연장, 골프장 등은 안 되고 선물도 100달러를 초과하지 못하게 했다. (업무와 연관된 청진기나 의학 사전이 100달러 이하일 경우 선물이 허용된다.) 고도로 훈련된 MR을 채용하고 교육하여 의사의 기대에 부응하는 정보나 서비스 제공을 실현하고자 했다. 최근에는 e-디테일(e-Detail)에 집중하면서 어떤 의사가 어떤 이메일을 확인했고, 어디까지 읽었는지

데이터를 통해서 맞춤형 정보를 제공하고 있다.

일본도 미국처럼 규제의 변화를 시도하였고, 효율성을 높이고 전략적 협력을 위해 CSO를 강력한 대안으로 활용하였다. CSO는 일본 제약회사의 마케팅에도 깊이 스며들었다.

참고로, 흥미로운 사실은 일본도 우리나라와 마찬가지로 영업 기술이나 노하우만을 추구하는 경향이 있다는 점이다. 동유럽의 경우 의사들도 MR을 하는데, 이런 경우 그 역할은 진정한 약제 치료 컨설턴트에 가깝다.

이렇게 선진국들은 CSO를 활용한 영업을 하고 있으며, 우리나라 역시 선진국 반열에 오르며 CSO는 더욱 활성화될 것이다. 미국이 변화한 지 약 10여 년이 지난 2016년, 우리나라도 CP가 강화되었었는데, 그 이후 e-디테일, 이메일 및 온라인 등을 통한 다양한 마케팅이 시행되었다. 그러나 아직 의사들의 마케팅 관련 이메일 확인 비율은 5% 미만이라는 점을 상기해 볼 때, 현재로서는 미래의 영업 환경에 대한 대비를 하되, 직접 방문 영업에 대한 연구 또한 게을리하지 말아야 한다.

PART. IV

제약 산업의
현재와 미래

제약 산업의 개요

제약 산업의 특성

제약 산업은 사람의 생명 및 건강과 직결된 의약품을 개발, 생산, 판매하는 산업으로 다른 산업과 뚜렷이 구별되는 독특한 특성을 가지고 있다.

최근에는 제약 산업이라는 표현보다 바이오헬스라는 용어를 사용하는 추세다. 바이오헬스는 의약, 의료산업을 일컫는 말로 디지털 생체정보수집, 맞춤 진료 등 의료 전반에 관련된 모든 것이라 생각하면 된다. 연구개발이 집약된 고도의 종합기술인 바이오헬스는 전 세계적에서 미래 성장동력으로 주목받고 있으며, 지난 정부부터 지속적으로 바이오헬스 산업혁신 전략을 공약으로 발표하며 차세대 주력산업으로 발전시키려 하고 있다. 바이오헬스 산업은 국민의 생명과 건강에 직결되는 의약주권을 지키기 위해서도 국가적 관심과 지원으로 육성, 발전시켜나가야 할 산업이다.

제약영업, CSO를 만나다

제약 산업의 환경 변화

제약 산업은 기본적으로 국민의 건강과 삶의 질(QOL:Quality of Life) 향상을 위해서 없어서는 안 되는 21세기 핵심 산업이며, 다양한 외부 환경으로부터 영향을 받고 있다.

(1) 인구 구조의 변화

선진국과 개발도상국 중심으로 보건의료 기술의 발달과 복지 개선의 노력으로 인간의 수명은 크게 늘어나고 있다. 2011년에 전 세계 인구는 70억 명을 돌파했고, 2050년에는 96억 명으로 늘어날 것으로 전망된다. 수명 연장에 따라 사회가 고령화되고 있는 가운데, 한국은 초고령화 사회로의 진입 속도가 가장 빠른 국가이다. 이와 같은 고령인구 증가는 제약 산업이 성장할 것으로 예상되는 가장 큰 요인 중 하나이다.

(2) 기후변화로 인한 신종질병의 발생

지구 온난화로 인하여 세계 각국에서 기후 변화가 촉진되고 있고, 이는 새로운 질병의 출현과 더불어 기존 질병의 변형을 가져오고 있다. 최근에 발생한 신종플루, 메르스, 조류독감, 지카바이러스 등도 기후 변화와 무관하지 않으며, 아이러니하게도 이러한 신종 질병들의 출현은 제약 산업을 더욱 중요한 산업으로 자리잡게 만들고 있다.

(3) 의료 패러다임의 변화

IT 기술의 발전으로 보건 의료와 관련된 여러 기술들의 융합이 일어나고 있으며, 이제는 단순한 질병 치료를 넘어 개인의 유전적 특성에 맞는 맞춤형 진료가 가능해졌다. 의료의 개념도 사전에 예방과 예측이 가능한 치료로 진화하고 있다. 앞으로의 의료 패러다임은 기존의 치료제 중심의 방식을 넘어서, 진단장비와 의료기기, 보건 의료 서비스 사업을 하나의 시스템으로 통합하는 방식으로 변화할 것으로 예상된다.

(4) 시장의 지속적인 성장

국내 제약 산업은 인구 고령화에 따른 만성질환 및 삶의 질 향상(QOL), 의약품 수요 증대와 특허만료에 따른 제네릭 의약품 시장의 성장, 정부의 중증질환의 급여 확대, 블록버스터 품목 집중 마케팅으로 정책적 악재가 극복되어 매출 증가와 수익성 증대가 기대되고 있다.

의약주권의 중요성

인구 고령화와 생활 습관의 변화에 따른 만성질환 증가로 의약품의 수요는 증가하고 있다. 따라서 그에 맞춰 국내시장에 의약품을 공급하고, 의약품 수출을 통해 의료 비용과 사회적 비용을 절감하는 게 중요해졌다. 만약 국내 제약 산업의 생산 능력과 기술 수준이 국제적 요구에 부합하지 못해 쇠락의 길을 걷게 된다면, 그

제약영업, CSO를 만나다

래서 위기에 봉착할 경우 의약품의 안정적 공급에 차질을 빚는 것은 물론 제약 회사의 연쇄 구조조정으로 R&D 축소 및 대규모 고용 감축이 이루어질 것이며, 이는 경제적으로 심각한 문제를 야기할 것이다. 결과적으로 해외에서 수입되는 의약품에 대한 의존도가 심화되어 약가에 대한 정부의 통제력이 약화되고 국민의 약값 부담이 증가하게 된다. 실제로 동남아 국가들 중에는 자국의 제약 산업 기반이 무너져 다국적 제약사와 수입 의약품들에게 국민의 건강권을 의존하는 국가들이 많다.

다국적 제약사에 대한 의존도를 줄여야 한다는 목소리가 2018년 국정감사장에서 있었다. 국가에서 보건 의료에 필수라고 지정한 국가 필수 의약품 315개 품목(2018년 기준) 중 64개(20.3%)를 전량 수입에 의존했다. 게르베코리아가 약가 인상을 요구하며 공급 중단 사태*를 일으킨 리피오돌이 여기에 해당한다. 2018년 건강보험 심사평가원 의약품 청구액 상위 100개 품목 중 다국적 제약사의 청구액이 68%(2조 2353억 원)인 반면, 국내 제약사는 32%(1조 682억 원)에 불과했다.

2009년 전 세계를 공포에 떨게 했던 신종플루 사태 당시 국내 제약 산업의 기술력으로 개발해낸 국산 백신이 있어 우리나라는 상대적으로 큰 타격 없이 위기를 극복할 수 있었다. 국가적 위기를 극복한 경험에서 알 수 있듯, 필수 의약품을 우리의 힘으로 생산하고 공급할 수 있는 제약 주권의 보유 여부는 국민의 생명과 건강에 직결되며 의약 안보에 절대적이다.

* 필수약품을 수입에 의존하고 있었던 대표적인 문제 사례로 2018년 제조사인 게르베코리아가 인상요구로 중단되어 국민이 고통받은 사건을 말한다.

경제적 측면

제약 산업은 인류의 건강과 생명, 보건 향상에 필수적인 산업으로 세계적인 고령화, 만성질환 및 신종 질병의 증가, 웰빙과 안티에이징(anti-aging)에 대한 욕구, 새로운 의료 기술의 출현 등의 복합적 요인으로 지속적으로 발전 가능한 산업이다.

또한 제약 산업은 생물, 미생물, 화학, 약학, 의학, 통계 등의 융복합적 산업 특성을 갖고 있기에 부가가치가 높고 양질의 일자리를 창출하는 선진국형 성장 동력산업이다. 한국의 제약회사에서 연 매출 1조억 원 이상의 블록버스터급 신약 개발에 성공할 경우 글로벌 기업으로의 도약은 물론 국가 차원의 대규모 부도 창출된다. 미국 에보트사의 2014년 류머티즘 질환 자가면역 치료제인 '휴미라'의 판매액은 약 15조 원으로, 현대자동차의 그랜저 100만 대를 수출한 것과 비슷하다. 인구 800만 명에 불과한 스위스는 1인당 GDP가 8만 달러에 달한다. 이 나라의 주도산업은 롤렉스로 유명한 시계산업이나 기계전자산업이 아니라, 노바시트와 로슈 등이 주도하는 제약 산업이다. 스위스의 제약 산업은 타 산업보다 압도적으로 높은 30%대의 수출 비중을 차지하며 국가 경제를 떠받치고 있다.

국내 제약 산업의 특성

신약개발 과정

제약업체의 경쟁력은 신약개발에서 나온다. 시장에 출시한 신약이 블록버스터로 성공하면 해당 신약은 10~15년 동안 특허의 보호를 받으며 절대적인 이익을 확보할 수 있다. 하지만 신약개발 과정은 시간과 비용이 많이 들고 성공 확률은 매우 낮은, 어렵고 까다로운 과정이다. 또한 대부분 다국적 기업들이 국내에 직접 진출하면서 라이센스인(license-in)하기가 어려워졌으며, 제네릭 의약품은 오리지널 의약품의 특허가 만료될 때까지 출시할 수 없기 때문에 신약개발의 성공이 제약업체의 경쟁력에 가장 큰 영향력을 미치는 요인이라고 할 수 있다. 신물질 신약개발의 성공은 엄청난 부가가치를 창출하지만, 절차가 복잡하며 까다롭고 고비용과 장기간의 개발 소요 시간에 따른 위험성으로 인해 과감한 투자가 원활히 이루어지기 어려운 분야이다.

규제산업

신약개발은 광범위한 개발 지식과 복합적인 기술을 바탕으로 막대한 시간과 비용 투자가 필요하다. 게다가 타 산업에 비해 시장 진입이 어렵다. 국민 건강과 밀접하게 연결되어 있는 산업이기 때문에 의약품의 품질유지와 수량 확보를 위한 법적, 행정적인 규제와 관리가 이루어지고 있다. 제약 산업에 적용되는 정부의 규제 또한 다양하다. 의약품은 국민의 건강과 생명에 직접적으로 영향을 미치기 때문에 생산, 유통, 소비 등 가치사슬(value chain)의 모든 단계를 정부가 개입하여 엄격히 규제하며, 국가 자격증을 소지한 의사와 약사의 감독 하에 최종소비자에게 전달된다. 예를 들어 제조업자, 유통업자, 의사, 약사 등은 의약품의 생산 및 유통과정에서 약사법을 철저히 준수할 의무가 있다.

또한 정부는 물질특허제도(1987년 도입), 실거래가 상한제(1999년), 의약분업(2000년) 등을 통해 제약 산업에 직간접으로 큰 영향력을 행사하고 있다. 제약 산업에 대한 정부 정책은 보험 약가 인하 정책의 지속과 저가 및 제네릭 의약품을 처방하도록 유도하고, 저가 구매 인센티브 제도와 리베이트 쌍벌제 시행으로 약제비를 절감하고, 제약 기업의 R&D 활성화에 초점을 맞추며 변화를 모색해왔다.

그러나 여전히 제약 기업은 많은 시련과 도전을 받고 있는 상황에 놓여있으며, 그러기에 시장 변화에 맞는 전략이 필요하다. 하지만 한국은 비교 약제의 낮은 가격을 기준으로 신약 가격을 산정하기 때문에 세계 최초로 개발한 혁신 신약의 약가도 낮게 책정될 수밖에 없는 구조적 취약점을 가지고 있다. 게다가 국내 약가를 기준으로 수출 약가가 결정되기 때문에 다양한 가격 전략을 구사하는 것도 불가능한 상태이다. 보건복지부의 보험약가제도 개선안에 글로벌 진출 신약의 약가 우대 제도가 포함돼 있기는 하지만, 결국은 수출 활성화를 위해 획기적인 약가 우대 방안이 절실히 필요한 시점이다.

글로벌 제약 산업의 현황

글로벌 제약시장의 동향은 국내 제약시장의 방향성을 예측할 수 있는 좋은 지표가 되기 때문에 그 동향을 예의주시해야 한다.

규모

전세계 처방의약품 매출액은 2020년 9,010억 달러(약 1,081조 원)에서 연평균 6.4%씩 성장해 2026년에는 1조 4,070억 달러(약 1,688조 원) 규모가 될 전망한다. 이는 지난 2012~2019년 처방의 약품 매출액 연평균 성장률이 2.7%에 그친 것과 비교하면 높은 성장세이다.

하지만 2014년 IMS 데이터에서도 글로벌 제약 시장 규모는 2015년 1조 달러에서 2020년에는 1조 4,000억 달러에 이를 전망이었으나 성장율이 연평균 2~3% 수준이였다. 현재 데이터로는 2026년 쯤에 1조 4,000억 달러에 도달 가능할 것으로 예상된다.

제약영업, CSO를 만나다

전 세계 의약품 시장은 지금까지 계속 미국과 유럽 등 선진국이 주도하는 양상이고 전체 시장에서 60% 이상을 점유할 정도로 규모가 크다.

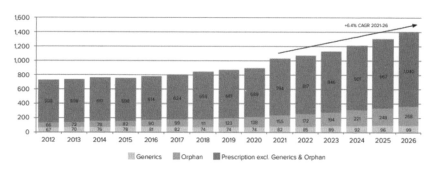

[도표] Worldwide Total Prescription Drug Sale(2012~2016)
Source: Evaluate Pharma

2014년 글로벌 제약 기업 총매출액은 9,365억 달러로 그중 노바티스가 513억 달러로 1위를 기록했으며, 그 뒤로 화이자가 449억 달러, 사노피 400억 달러, 로슈 376억 달러 등 상위 20개 기업이 글로벌 총 판매액의 56.3%를 차지하고 있었다. 상위 20개 중 미국 기업이 8개로 가장 많고 독일, 스위스, 영국 및 일본 기업이 각각 2개, 아일랜드, 이스라엘, 프랑스, 덴마크 기업이 각 1개씩 포함되었다. 지금도 순위는 크게 변동은 없다.

전 세계 의약품 시장은 계속 미국과 유럽 등 선진국이 주도하는 양상이다. 전체 시장의 60% 이상을 점유할 정도로 규모가 크다. 다음 표를 보면 세계 제약회사의 매출 순위 별로 매출액과 R&D지출, 최다 매출 의약품이 정리되어있다. 매출액 순위별로는 로슈, 로 바티스, 화이자가 상위권에 포진해 있으며, 우리나라의 경우 아직 해외 비즈니스에서는 크게 성장하지 못하고 있다.

단위: 백만 달러

순위	제약사(본사)	매출액 (처방의약품)	R&D지출	최다 매출 의약품
1	Roche 스위스, 바젤	48,247	10,293	Avastin(7,118) Rituxan(6,518) Herceptin(6,078)
2	Novartis 스위스, 바젤	46,085	8,386	Cosentyx(3,551) Glienya(3,223) Lucentis(2,086)
3	Pfizer 미국, 뉴욕	43,662	7,988	Prevnar13(5,847) Ibrance(4,961) Lyrica(3.321)
4	Merck&Co 미국, 뉴저지	40,903	8,730	Keytruda(11,084) Gardasil(3,737) Januvia(3,482)
5	Bristol-Myers Squibb 미국, 뉴욕	40,689	9,381	Revlimid(10,970) Eliquis(7,929) Opdivo(7,204)
6	Johnson & Johnson 미국, 뉴욕	40,083	8,834	Stelara(6,381) Remicade(4,086) Darzalex(2,998)
7	Sanofi 프랑스, 파리	34,924	6,071	Lantus(3,372) Dupixent(2,322) Pentacel(2,178)
8	Abbvie 미국, 일리노이	32,351	4,989	Humira(19,169) Imbruvica(3,830) Mavyret(2,893)
9	GlaxoSmithKLine 영국, 브랜포드	31,288	5,541	Triumeq(3,255) Shingrix(2,311) Advair(2,209)
10	Takeda 일본, 오사카	29,247	4,432	Entyvio(3,182) Vyvanse(2,520) Gammagard Liquid(2,151)

〈표〉 2019년 글로벌 제약사 매출액 및 R&D비용
자료: Pharmaceutical Executive, June 2020

제약영업, CSO를 만나다

의약품 시장 동향

세계 제약시장은 바이오 의약품과 제네릭 의약품이 성장을 주도할 것으로 예측되고 있다. 선진국에 비하여 BRICs를 포함한 파머징 국가들의 GDP 성장 속도는 3배 이상 빠른 속도로 증가될 것으로 예상된다. 따라서 의약품 소비 규모도 선진국보다는 BRICs를 포함한 파머징 마켓이 높은 성장을 가져올 것으로 예상된다. 파머징 국가들은 세계 인구의 70%를 차지하고 있기에 상당한 잠재력을 가지고 있다. 특히 이들 국가의 1인당 의약품 소비 규모는 계속 증가할 것으로 예상되기 때문에 다국적 제약사들은 물론 국내 제약사들의 파머징 마켓 진출과 시장 쟁탈전이 본격화하고 있는 추세이다. 그렇다면 어떤 치료제가 많이 팔리며, 2026년 상위 10대 치료영역 순위는 어떻게 될까?

1위: 항암제

2위: 당뇨병용제

3위: 백신

4위: 면역억제제

5위: 피부병용제

6위: 감각기관용제

7위, 8위: 항바이러스제, 항류마티스제

9위: 기관지확장제

10위: 항응고제(항혈전제)

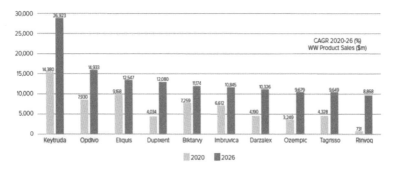

[도표] Top 10 Selling Products WW in 2026
Source: Evaluate Pharma (May 2021)

　가장 높은 매출을 보인 의약품은 MSD 면역 항암제인 키트루다. 두 번째는 세계 최초로 PD-1 면역항암제 승인받은 BMS에 옵디보 순이다. 글로벌 신약 개발에 투자되는 비용은 허가 규정 강화와 임상시험의 장기화 등으로 크게 증가하고 평균 신약개발 기간도 1960년대 8년에서 2000년대 이후 15년으로 늘어났다. 반면 경쟁 신약 출시 기간은 1980년대 평균 4년에서 2000년대는 수개월로 크게 줄어들어 신약의 매출 생산성이 과거에 비해 많이 떨어지게 되었다. 이와 같은 현상으로 제약 기업 혼자만의 독자적인 연구개발 경향에서 점차 기업과 대학, 연구소 등이 공조하는 오픈 이노베이션(open innovation)이 활성화되었고 글로벌 블록버스터급 신약들의 특허 만료와 각국의 의약품 비용 통제 강화에 따른 제네릭 의약품 비중 확대 흐름이 나타나고 있다.

순위	치료분야	2019년	2026년	연평균성장율
1	종양학 Oncology	145.4	311.2	+11.5%
2	항당뇨병 Anti-diabetics	51	66.9	+3.9%
3	면역억제제 Immunosuppressants	24	61.3	+14.3%
4	백신 Vaccines	32.5	56.1	+8.1%
5	항류머티즘 Anti-rheumatics	56.9	49.7	-1.9%
6	항바이러스 Anti-virals	38.8	42.9	+1.5%
7	감각기관 Sensory Organs	23.8	35.1	+5.7%
8	기관지확장제 Brochodilators	27.8	32.2	+2.1%
9	피부과학 Dermatologicals	13.8	32	+12.7%
10	다발성 경화증 치료제 MS therapies	22.7	25	+1.4%
11	항고혈압 Anti-hypertensives	23.4	22.4	-0.6%
12	항응혈제 Anti-coagulants	21.3	22	+0.5%
13	항정신병제제 Anti-psychotics	11.2	19.5	+7.8%
14	항섬유소융해제 Anti-fibinolytics	13.4	19.7	+5.7%
15	혈청&감마글로블린 Sera&gammaglobulins	11.5	19.5	+7.9%
	상위 15 치료제	517.5	816.9	+6.7%
	기타	392.5	614.6	+6.6%
	전 세계 처방 & 일반의약품 매출	910.0	1431.5	+6.7%

단위: 십억 달러, %

[표] 질환군별 의약품 전 세계 매출 및 예상

자료: Evaluate Pharma World Preview 2020

바이오 의약품

바이오 의약품은 사람이나 다른 생물체에서 유래된 세포, 조직, 호르몬 등을 이용해 개발된 의약품으로 백신, 혈액제제, 유전자 재조합 의약품, 세포 치료제, 유전자 치료제 등을 들 수 있다.

바이오 의약품은 합성의약품에 비해 복잡한 구조를 가지고 있으나 생물 유래 물질로 고유의 독성이 낮고 난치성, 만성질환에 뛰어난 효과를 가지고 있다. 특히 의약산업 환경이 치료 중심에서 개인 맞춤형에 기반한 예방 중심으로 점차 전환하면서 세포 치료제와 유전자 재조합 의약품 등 새로운 개념을 지닌 의약품의 연구 개발이 활발해지고 있다. 전 세계 바이오 의약품 시장 규모는 2014년 1,790억 달러에서 2019년에는 2,660억 달러로 증가했다.

영국의 시장 분석 기관인 이밸류에이트파마(Evaluate Pharma)에 따르면, 2019년 기준 글로벌 제약시장은 약 9,100억 달러(약 1,018조 2,900억 원) 규모이며, 이 중 바이오의약품 시장은 약 29%인 2,660억 달러(약 297조 6,806억 원)로 나타났다. 글로벌 바이오 의약품 시장은 최근 8년('10~'18) 간 연평균 8.2% 수준으로 성장했고 이러한 추세는 앞으로도 지속되어 2026년에는 5,050억 달러(565조 4,990억 원)로 시장이 커질 것으로 전망된다.

제네릭 의약품

제네릭 의약품은 주성분, 안전성, 효능, 품질, 약효 작용원리,

복용방법 등에서 최초 개발의약품(특허 받은 신약)과 동일한 약이다. 제네릭 의약품은 개발할 때 최초 개발 의약품과 효능, 안전성이 동등함을 입증하기 위하여 반드시 생물학적 동등성 시험을 실시해야 하며, 정부의 엄격한 허가관리 절차를 거쳐야 시판할 수 있다. 생물학적 동등성 시험은 동일한 약효 성분을 함유한 동일한 투여 경로의 두 제제(오리지널과 제네릭)가 인체 내에서 흡수되는 속도 및 흡수량이 통계학적으로 동등하다는 것을 입증하는 시험이다.

미국, 유럽, 일본 등 선진국에서도 제네릭 의약품 허가시 생물학적 동등성 시험을 요구하고 있다. 특히 미국 FDA는 생물학적 동등성 시험이 비교 임상시험보다 정확성, 민감성, 재현성이 우수하여 제네릭 의약품의 동등성 입증방법으로 권장하고 있다.

우리나라도 선진국의 심사기준과 동일한 기준을 적용, 생물학적 동등성 시험과 비교 용출시험 등 여러 단계의 안전성과 유효성을 심사하는 과정을 거쳐 제네릭 의약품을 허가하고 있으며 허가 이후에도 주기적으로 제조시설에 대한 점검을 실시, 의약품의 제조와 품질을 엄격하게 관리하고 있다. 각국의 약제비 억제정책 강화에 따른 제네릭 의약품 사용 권장과 글로벌 신약의 특허만료 등으로 제네릭 의약품의 매출 비중이 증가하는 추세이다. 오리지널과 비교, 효능과 안전성 등은 동일하고 상대적으로 가격이 저렴하기 때문에 보험정책상 선호되고 있다.

국내 제약 산업의 현황

규모

한국제약바이오협회의 '2020 제약바이오산업 데이터북' 통계 정보로 살펴본 세계 의약품 시장에서의 국내 의약품 시장은 여전히 작았다. 2019년 세계 의약품 시장은 1조 2,504억 달러(1,379조 8,164억 원)로 집계됐다. 최근 6년간 평균 성장률은 6.55%나 2018년 2.54%, 2019년 3.78%로 최근 주춤하며, 우리나라의 2019년 의약품 시장은 161억달러(17조 7663억)로 미국 대비 3.1%, 세계 12위이다. 지난 6년간 7.3% 평균 성장으로 성장세가 높긴 하나 전체 시장규모에서 보면 아직 낮은 수준이다.

2019년 세계 1위 화이자가 453억달러(49조 9,885억)에는 한참 모자라고, 16위 일본 다케다의 174억달러(19조 2,009억 원)에도 못 미치는 정도이다. 이번 통계에 따르면 글로벌 50위권 제약에 미국 16개 제약사, 일본 7개, 중국 1개 등이 포함되어 있으며, 순위

제약영업, CSO를 만나다

에 들기 위해선 연간매출 25억 달러(2조 7,587억) 정도는 되어야 하는 데 우리의 경우 2조 매출을 올리는 제약사도 없는 실정이다. 국내 시장에서 가장 큰 규모를 차지하는 약효군은 만성질환의 영역인 순환기(3.7조)와 소화기 약물(2.1조)이 차지하고 있다.

선진국 수준의 생산관리 시스템

2000년대 중반 이후 GMP 선진화 프로젝트에 따라 미국 등이 요구하는 cGMP 수준의 생산기반 구축을 위해 3조 원 이상의 비용이 투입되었다. 2014년부터 식약처는 PIC/S(의약품 실사 상호협력기구) 가입과 의약품 설계기반 품질 고도화(QbD : Quality by Design) 도입을 추진하고 있다. QbD는 제조공정과 품질관리로 이원화된 현 시스템을 하나의 시스템으로 융합, 첨단기술을 활용해 의약품 생산공정에서 발생할 수 있는 위험성을 사전에 예측하고 대처하는 품질관리시스템 구축, 미국, 유럽, 일본 등이 주도한 의약품 국제조화회의(ICH)에서 확립한 국제기준으로써, 식약처는 제형별 QbD 적용 모델 및 기초기술 개발을 통한 제도의 도입 기반 구축을 추진하고 있어 향후 국산 의약품의 글로벌 위상 제고와 해외 수출 증대가 기대된다. 선진국 수준의 생산관리 시스템 확보로 인하여 항암제 등 특화된 제품을 유럽시장에 수출하는 한국기업의 수가 증가하고 있다.

신약

한국 제약 산업은 1999년 첫 신약인 항암제 (주) SK케미칼의 '선플라주'가 탄생한 이래 2020년 40개, 2021년 37로 더디지만 지속적으로 발전하고 있다. 바이오 의약품 분야에서 ㈜파미셀은 세계 최초의 줄기세포 치료제인 '하티셀그램'을 비롯한 3개의 신약을 보유하고 있고, ㈜셀트리온은 세계 최초의 항체 바이오시밀러인 '램시마'를 개발하여 세계 여러 나라에 수출하고 있다.

개량신약

개량신약은 신약에 비해 R&D 비용이나 개발 기간의 부담이 적어 국내 제약사의 개발이 활발한 추세이며 주로 이미 승인된 의약품의 구조나 제형 등을 변형해 출시하는 상황이다. 개량신약 개발에 대한 평균 연구개발비는 약 27억 원으로 신약개발 1건에 투입되는 380억 원 대비 7%의 비용만으로도 개발이 가능하며, 연구 기간도 약 3년으로 신약개발의 1/3에 그치는 것으로 알려졌다.

2009년 한미약품의 아모잘탄이 개량신약 1호로 허가 받은 것을 시작으로 여러 품목의 개량신약이 허가를 받아 많은 제약사 들이 개량 신약 (주로 복합제) 위주로 판매 중이다. .

예를 들어 고혈압 치료제인 Amlodipine의 경우, Amlodipine maleate 외에도 다양한 형태의 염변경 개량신약이 출시되었는데 adipate, besylate, camsylate, mesylate, nicotinate 등이 있다.

이는 신약을 만들어내기에는 많은 어려움이 있어서 그보다 쉬운 개량 신약의 방법을 선택하는 회사가 많다.

제약영업, CSO를 만나다

하지만 현재 개량신약은 특허를 회피하여 시장에 조기 진입하는 수준이었으나, 미래에는 효능이 향상되고 부작용이 개선된 제품, 투여편리성이 개선된 제품이 개발될 것으로 기대된다.

바이오 의약품

바이오 의약품이 미래를 이끌 분야로 각광 받는 만큼 바이오시밀러와 함께 바이오베터 바이오 신약 연구개발에 많은 투자가 필요하다.

바이오시밀러(bio-similar)는 오리지널 바이오 의약품 특허 종료 후 만든 복제약이다. 바이오베터(bio-better)는 오리지널 바이오 의약품 효능, 안전성, 편의성 등을 개량한 것으로 기존 바이오 의약품보다 더 낫다(better)는 의미다. 바이오 의약품 시장은 오리지널 바이오 의약품(사노피 '란투스' 등)의 특허 만료가 임박했고, 유럽을 비롯해 미국 시장 역시 고속 성장이 예상됨에 따라 향후 시장 확대는 가속화될 것으로 전망된다. 하지만 국내 기업들은 R&D 투자금액이 크고 개발 기간이 길며 임상 실패 리스크가 큰 바이오 신약이나 바이오베터 개발에는 미온적이고 바이오 시밀러에 초점을 맞춰 연구개발하고 있는 상황이다. 실제로 셀트리온 '램시마' 삼성바이오에피스 '베네팔리' 등 국내 많은 기업이 바이오시밀러 연구개발에 집중 투자하고 있다. 바이오시밀러는 오리지널에 비해 상대적으로 싼 값에 판매되고 기업 간 가격 경쟁을 부추겨 의약품 값이 떨어지게 되어 결국 기업 수익성이 낮아지는 결과를 가져오게 된다.

　바이오 의약품 시장을 선점하기 위해서는 바이오시밀러에 비해 독자 특허를 인정받을 수 있어 수익성이 큰 바이오신약이나 바이오베터에 더 많은 투자와 지원이 이뤄져야 한다.

　정권이 바뀌어도 정부 우선 정책 육성과제로 항상 바이오 의약품 산업의 확대를 추진하고 있으며 실제로 국내 바이오 의약품 산업의 수출입의 규모는 지속적으로 커지고 있다.

　한국은 우수한 생명공학 인프라와 뛰어난 임상시험 능력, 최고 수준의 IT 기반기술을 강점으로 세계적인 바이오 의약품 강국에 진입하려고 노력하고 있다. 특히 바이오시밀러, 바이오베터, 유전자 치료제, 세포배양 백신 같은 첨단 바이오 의약품 시장에서는 우리의 세계적인 기술력과 경쟁력이 입증되고 있다.

(1) 국내 바이오 의약품의 성과

　국내의 항체 바이오시밀러는 글로벌 역량을 확보하였다고 볼 수 있다. 셀트리온이 개발한 램시마(성분명 : infliximab)는 2013년 유럽 허가를 시작으로 약 70개국에서 허가를 받아 출시한 지 1년 만에 유럽에서 5~6% 안팎의 시장 점유율을 달성하였고, 삼성바이오로직스와 바이오젠 간의 합작회사(joint venture)인 삼성 바이오에피스가 중증의 류마티스관절염, 건선성 관절염, 축성 척수관절염 및 판상형 건선 성인 환자의 치료제로 개발한 베네팔리(성분명 : Etanercept)는 2015년 9월에 국내 허가를 취득한 후 2016년 1

월에 유럽 허가를 취득하였다. 또한 우리나라는 우수한 바이오 의약품 생산 시설을 보유하고 있다. 이 외에도 최근 한미약품은 국내 최고 규모(계약규모 5조 원 등 총합 8조 원)로 바이오베터 기술 해외이전 계약을 체결하였고, 세계적으로 상용화된 줄기세포치료제 중 우리나라 기업에서 4품목을 제품화 하였으며, 바이오 의약품 관련 임상연구 또한 활발히 진행하고 있다.

(2) 바이오 의약품 산업의 향후 전망

바이오 기술과 IT(정보기술) 그리고 타 기술과의 융복합으로 세계는 2030년부터 바이오 경제 시대로 진입할 것으로 예측되고 있다. 우리나라도 제약과 의료기기, 의료서비스 등 바이오헬스 산업이 IT를 이어서 한국 경제를 이끌어갈 미래 성장 동력으로 부상하고 있다. 또한 미래에는 최근 맞춤의료, 유전체 의학 등 패러다임의 변화를 맞아 첨단 융복합기술 바탕의 바이오 시장의 급속한 성장이 예상된다. IT, NT, BT 등 관련 기술과의 융복합을 통한 신약개발이 더욱 증가되는 추세이며, 이는 바이오 의약품 분야에 우수한 기술을 보유한 우리나라에 강점으로 작용할 것으로 기대된다.

제약 산업의 현재와 미래

한국 제약 산업은 cGMP 수준의 생산인프라 구축, 의약품실사상호협력국제기구(PIC/S)에 가입, 국산신약 개발, 의약품 수출 급증 등 명실상부한 제약 선진국으로서의 면모를 갖추고 국제무대에서 당당하게 경쟁하고 있다.

2020년 '세계 7대 제약 강국 도약' 비전 달성을 통해 제약 산업이 미래 먹을거리를 창조하는 핵심 산업으로 성장할 수 있도록 정책방향과 종합적인 추진 전략 5항목을 제시했었다.

2022년 정부에서 발표한 바이오헬스 산업 관련 공약을 확인해 보면 바이오헬스 산업에 대한 정부의 연구, 개발(R&D) 지원 규모를 2배 가량 늘리고 백신 개발 및 제조 기술 등 다양한 부분에서 지원 확대를 약속하고 이행 중이다. 이에 정부에서도 국내 제약사들의 정부 과제 수행 및 R&D 투자 규모 확대를 주문하고 있다. 바이오헬스 산업의 육성은 국가경쟁력 뿐 아니라 수출 확대, 의약 자주권, 일자리 창출등의 다양한 경제 효과를 기대하고 있는 중요한 사업이다.

국내 제약회사들은 정부에 의존하기보다는 제약회사 스스로 경쟁력을 갖추고 국내 시장을 벗어나 세계시장에서 세계적인 제약회사들과 경쟁할 수 있어야 할 것이다. 글로벌 진출을 위한 자생 가능한 수익구조 창출은 향후 적자가 예상되는 국민 건강보험을 건실화하고 국내 제약시장을 성장시키는 길이며 국익을 창출할 수 있는 길이다.

한국에서 글로벌 제약사의 출현과 글로벌 시장으로의 진출은 향후 제약 기업의 성장 모멘텀과 국가발전의 초석이 될 것이다. 그러기 위해서 글로벌 진출과 성공은 복합적인 연구개발과 인력, 인프라 등 통합적인 조율이 필요하다. 이런 점에서 상대적으로 경험과 경쟁력이 강한 혁신개량신약을 통해 글로벌 진출을 도모하고 향후 글로벌 신약 탄생이라는 선순환 구조를 고려해 볼 수 있다. 그러나 무엇보다도 제약회사들의 혁신적 연구 개발과 글로벌 전문 인력 확보, 인프라 구축 그리고 국내 FDA의 수준을 능가하는 의약품의 품질을 강화하고 가치를 부여하는 것이 매우 중요하다. 미래 신성장 동력인 제약 산업의 비전을 구체화한 2020년 세계 7대 제약강국의 꿈을 5년 뒤에 아니 2030년이라도 현실로 만들어 가도록 R&D 투자 확대와 신약개발로 글로벌 시장진출을 가속화 하고 국민건강을 우리의 힘으로 지킨다는 사명감을 갖고 글로벌 역량을 강화하고 있다. 제약 산업은 신약 개발 발전에 집중하는 것이 무엇보다 중요하다.

신약개발 역사가 선진제약 기업에 비하여 짧은 우리 제약 기업이지만, 최근 R&D 투자 확대 등 지속적인 연구개발로 인하여 세계 각국이 치열한 경쟁을 벌이고 있는 제약 산업에서 우수한 성과를 내고 있다는 점은 의약품 시장에서 우리의 기술력과 경쟁력을 입증 받고 있는 것이다. 보건의료분야는 우리나라의 최고 인재들이 모인 곳으로 이 우수한 인력과 세계적으로 인정받고 있는 정보기술(IT), 생명공학기술(BT), 나노기술(NT)을 결합하면 새로운 성장 동력 산업으로 발전하게 될 것이다. 즉 미래 한국의 제약 산업은 대한민국 대표산업으로 성장하고 발전해 나갈 것이다.

제약영업, CSO를 만나다

PART. V

의약품의
이해

국내 제약사 구조

조직구성형태

국내 제약회사의 대부분은 오너가 CEO를 두고 경영을 하고 있으며, 영업본부내에는 마케팅부서, 영업전략부서, 영업관리부서 학술부서 등이 영업 지원 업무를 하고 있다.

영업조직의 구성

2021년 기준 전국의 의원 32,307개, 종합병원 321개, 상급종합 병원 42개, 정신과 의원 1,379개, 요양병원 1,598, 약국 23,268개, 도매상 2,888개이다. 제약회사는 효율적인 영업을 위해서 병원, 로컬 의원, 약국, 도매상 별로 구분해서 영업조직을 구성하기도 한다. 경우에 따라서 과별로 더 세분화하여 영업조직을 운영하는 대형 제약사나 외국계 회사가 있지만, 일반적으로는 병원, 의원, 약국, 도매 영업으로 분류해서 운영한다.

제약영업, CSO를 만나다

순위	기업명	2017	2018	2019
1	유한양행	1,462,248	1,518,822	1,480,353
2	녹십자	1,287,916	1,334,877	1,369,709
3	광동제약	1,141,565	1,180,219	1,238,254
4	셀트리온	949,079	982,074	1,128,459
5	한미약품	916,586	1,015,962	1,113,649
6	대웅제약	960,307	1,031,427	1,113,425
7	종구당	884,362	956,218	1,079,377
8	삼성바이오로직스	464,629	535,805	701,591
9	제일약품	371,591	627,074	671,406
10	LG화학(제약)	551,500	571,129	622,184
11	동아에스티	555,026	567,433	612,310
12	보령제약	422,721	460,401	524,268
13	일동제약	460,650	503,907	517,467
14	JW중외제약	502,918	537,181	511,335
15	동국제약	354,767	400,807	482,280
16	한독	417,970	466,731	473,000
17	서흥	350,007	393,476	460,728
18	SK케미칼	321,100	348,650	420,395
19	휴온스	284,838	328,595	365,018
20	일양약품	269,811	300,036	324,573
	합계	12,929,591	14,040,824	15,209,741

(단위: 백만원 / 연결기준)

[표] 주요 제약기업 매출 순위(2019년 기준)
자료: 상장제약사 금융감독원 사업보고서
*지주회사는 매출순위에서 제외

제약사 판매 형태

직접판매: 직접 고용된 제약회사 직원을 통해 판매하는 방법

간접판매: 간접 계약된 판매대행 회사, 제약사 또는 의약품 도매상을 통해 판매하는 방법

제약사 간에도 서로의 제품을 위탁판매하는 경우도 많이 있다. 각 제약사에서 영업력이 뛰어난 과나 병원이 있을 때, 또는 해외 제약사가 국내 판매(영업력의 위탁 활용)를 하고자 할 때 국내 제약사와 계약을 한다. 이는 지금까지 설명했던 CSO/CMR의 개념과 동일하다.

의약품 물류과정 이해

의약품의 물류 및 유통 과정은 다소 복잡하다. 이유는 유통 일원화가 아닌 회사가 많기 때문이다. 판매 루트를 넓히기 위해 많은 도매상을 거래하는 곳이 많기 때문인데, 한 도매상은 다수의 병원과 약국의 유통을 담당하며 제약회사가 직접 거래를 하기도 한다. 제약회사에서 아래와 같은 도식처럼 도매상에 공급을 하면 여러 도매상끼리 서로 유통을 하게 되는데, 이 모든 내역을 확인하기가 현실적으로 어렵다.

그로 인해 도매상에 공급된 내역과 병의원에서 처방된 내역이 동일하게 매칭이 되는지 제약회사에서는 확인을 한다. 또한 제약회사는 과다 매출이 된 도매상을 파악하고자 노력한다.

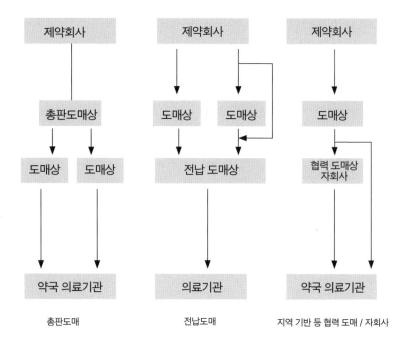

제약회사	제약회사	제약회사

| 총판도매상 | 도매상 　 도매상 | 도매상 |

| 도매상 　 도매상 | 전납 도매상 | 협력 도매상 자회사 |

| 약국 의료기관 | 의료기관 | 약국 의료기관 |

| 총판도매 | 전납도매 | 지역 기반 등 협력 도매 / 자회사 |

[표] 의약품 물류 프로세스
출처:데일리메디팜

이렇게 복잡한 과정을 줄일 수 있는 방법은, 유통을 일원화해
서 단 몇 곳의 도매상에게만 의약품 물류를 제공하는 것이다. 그러
나 이는 제약회사가 내부 영업 경쟁력이 있어야 가능하다. 그렇지
않은 대부분의 제약사들은 매출을 올리기 위해서는 판매를 위탁하
는 것이 유일한 해결책이다.

의약품의 이해

약동학(Pharmacokinetics) 및 약력학(Pharmacodynamics)이란 약을 투약하면 어떤 과정을 거쳐서 치료효과 및 이상반응이 발현되는지를 연구하는 학문이다. 따라서 약동학과 약력학은 약의 특성을 이해하기 위한 근간이 된다.

약동학은 약의 용량과 체내와의 약물 농도 관계를 설명하는 학문이다. 약물의 농도는 현실적인 이유로 많은 경우 혈중 농도를 대상으로 한다. 약동학은 흔히 ADME(Absorption, Distribution, Metabolism, Excretion)의 학문이라고 말한다. 그 이유는 A-D-M-E 각각의 과정에서 약물의 이동량과 속도를 파악하면 임의의 용량과 용법에서 시간에 따른 혈중 약물 농도를 정확히 기술할 수 있기 때문이다.

약력학의 관심 대상은 치료효과 및 이상반응이다. 치료효과 혹은 이상반응을 약물의 용량이나 농도로 설명, 즉 용량 혹은 농도와 효과 사이의 관계를 연구하는 학문이다.

약물의 약동학 및 약력학적 분석에 있어서 주요 파악 대상으로는 '평균적인 관계'뿐 아니라 '개인 간 차이'도 있다. 개인 간 차이는 또한 예측할 수 있는 차이와 예측 불가능한 차이로 구분할 수 있다. 환자가 약물을 복용하여 최종적인 효과가 나타나기까지는 여러 단계를 거치게 되어 있으며, 크게는 약동학적인 관점과 약력학적인 과정으로 나뉜다.

약동학적인 과정은 인간이 약물을 다루는 것으로서 투여된 약물의 체내 동태, 즉 약물의 흡수(absorption), 분포(distribution), 대사(metabolism), 배설(excretion), 생체이용률(bioavailability), 반감기(half-life), 최고약물농도(Cmax) 등과 청소율(clearance) 등을 관장한다. 약력학적인 과정은 작용부위에서 약물-수용체 상호작용을 통하여 약효를 나타내는 과정을 다루는 과정이라 할 수 있다. 따라서 약동학 및 약력학적 기본개념을 이해하고 연령의 증가에 따라 어떻게 변화해 가는가를 알아야 한다.

약물 동태학(Pharmacokinetics)

생체에 약물을 투여한 후 체내에서 어떠한 움직임을 나타낼지를 분명히 하는 것이 약물동태학의 목적 중 하나이다. 약물의 체내 움직임은 일반적으로 다음의 4단계로 구성된다.

약이 우리 몸속에 들어가면 흡수(Absorption)되고, 퍼지고(분포-Distribution), 변화(대사-Metabolism)된 후, 몸 밖으로 빠져나가게(배설-Excretion) 된다. 이러한 일련의 과정을 통해 약물은 질환이 있는 부위에서 효과를 나타내게 되고 치료가 된다. 이를 약물의 흡수(absorption), 분포(distribution), 대사(metabolism), 배설(excretion)의 머리 글자를 따서 ADME로 부른다.

입을 통해 약을 복용하는 경우, 일반적으로 그 제형에 따라 정제(Tablet), 캡슐제(Capsule), 액제(Solution) 등으로 구분된다. 약물은 입으로(경구)뿐 아니라 주사, 흡입, 패치, 연고, 외과적 수단 등의 방법으로 투여될 수 있는데, 약을 복용하면 약의 특성에 따라 위, 십이지장, 소장 등을 통해서 대부분 흡수된다. 흡수된 약물은 혈관이나 림프관을 통해서 우리 몸에 필요한 기관이나 세포에 분포되어 효과를 발휘하고, 효과를 발휘한 약물은 간과 같은 대사기관을 거쳐 약리 활성이 없는 약물로 전환된다.

이렇게 대사를 받은 약물은 소변, 대변, 땀 등을 통해서 체외로 배설되는 것이다. 가령 두통이 있어서 타이레놀이라는 진통제를 복용하면 이 약의 주성분인 아세트아미노펜은 우리 몸에 들어가서 함께 복용한 물과 소화액 등에 녹아서 주로 소화기계를 통해 내려가면서 흡수된 후, 혈관을 통하여 통증을 느끼는 기관에 분포되어 통증을 억제하는 효능을 발휘하게 된다.

효능을 다 발휘한 약물은 간에서 대사(분해)를 받아 비활성 물질로 전환되고, 약리 활성을 잃은 약물은 신장을 통해 소변으로 배설되게 된다.

(1) 흡수 : 약물이 몸 안에 흡수되는 단계

흡수는 약물이 몸속에 들어가서 위, 십이지장, 소장 등에서 점막을 통과하는 단계를 말한다. 먹는 약의 경우 흡수되는 장기의 상태나 약물의 종류, 음식물 등에 따라서 흡수되는 정도가 달라지게 된다. 따라서 기름에 잘 녹는 약물의 흡수를 높이기 위해서는 기름진 음식과 같이 복용하는 것을 권하는 약물(예, 스포라녹스)도 있고, 흡수를 빨리 하게 하기 위해서 빈속에 복용하도록 권하는 약물도 있다. 주사제는 장으로 흡수되지 않고 혈관이나 근육 등으로 들어가서 약물이 퍼지므로 먹는 약보다 흡수가 빠르다. 연고나 패치제 등은 피부를 통해서 흡수된다. 흡입제의 경우 기관지를 통해서 흡수된다.

(2) 분포 : 약물이 몸 전체로 퍼지는 단계

약물이 우리 몸속에 흡수되면 혈관을 통해 온 몸에 퍼진다. 이를 분포라고 한다. 약물은 분자량이 작으므로 모세혈관에서 조직으로 쉽게 빠져나가 분포될 수 있다. 약물인 온 몸에 퍼져야 비로소 약물이 필요한 부위에 도달하게 된다. 우리 몸의 약 2/3는 물이므로 약물은 대부분 물에 분포하지만, 약에 따라서 특정 부위에만 분포할 수도 있다. 분포는 약물이 단백질과 얼마나 결합하느냐에 따라 정도가 달라진다. 일부 약물은 알부민과 같은 혈장 단백질과 결합하며, 약물의 분포는 그 부위의 혈액량이나 약물의 물리, 화학적 성질에 따라 달라진다.

혈액이 뇌의 뇌 관문(BBB, blood-brain barrier) 등과 같은 부

위는 약물이 쉽게 도달할 수 없으며 일부 약물들은 신체에 저장, 침착되기도 한다.

(3) 대사 : 약물이 몸 안에서 변화되는 단계

약물이 몸속에 퍼져서 약물 그대로 있지 않고 몸속의 반응에 의해 변화되는 단계를 대사라고 한다. 약물은 배설되기 전 대부분은 대사된다. 어떠한 약물은 약효가 없는 성분으로 변환되고, 일부 약물은 변환되어 약효를 나타내기도 한다. 몸속에서의 약물의 변화는 주로 간에서 이루어지며, 신장, 폐 그리고 소화관에서 이루어지기도 한다. 간에서 이루어지는 대사는 사람별로 차이가 크다. 주로 간 기능, 나이, 함께 복용하는 다른 약물에 영향을 받게 된다. 약물이 대사를 받으면 수용성으로 변화되어 땀이나 소변 등을 통하여 체외로 배설될 수 있게 된다.

약물은 다양한 경로로 배설되는데 신장을 통해서는 소변으로, 소화관에서는 담즙과 대변으로, 폐에서는 호흡기로 또 피부에서는 땀으로 배설되기도 한다. 모유의 형태로 배설될 수도 있는데, 그러므로 임산부와 수유부는 태반과 모유로 이행되는 약물에 의한 태아와 신생아에 미치는 영향을 고려하여 약물의 종류와 양을 제한받게 된다. 약물의 상태와 사람의 상태에 따라 배설되는 정도는 달라진다.

(5) 생체이용률(Bioavailability)

제약영업, CSO를 만나다

제제(약물)를 체내에 투여했을 때 위장관내 불안정성, 낮은 용해도, 불완전한 흡수 및 높은 간대사 등으로 말미암아 전신순환 계로 들어가는 약물양과 흡수속도가 달라진다. 즉 생체이용률이란 체순환계로 들어가는 약물의 양과 속도로 정의하며 혈중농도-시간곡선으로부터 약물의 양은 AUC, 혹은 Cmax과 속도는 Tmax로 각각 정의한다.

생체이용률 시험은 약물의 흡수정도 및 속도를 알아보기 위해 실시하는 시험으로서 약물의 물리화학적 성상의 변화와 제형의 변화가 약물의 약력학에 미치는 영향을 알아보기 위함이 목적이다. 생물학적 동등성 시험은 제조원이 다른 동일성분 약제의 생체이용률을 비교하는 시험으로 일정 기준을 만족할 경우 '생물학적으로 동등하다' 즉 '약효가 동등하다'고 판단한다. 만일 어떤 약물이 생물학적으로 동등하고 치료적 동등성이 있는 경우, 이러한 약제의 임상적 유용성과 안전성이 비슷하다면 서로 대체가 가능할 수 있다고 본다. 미국의 경우 신약 신청 허가의 전과정을 완전히 마치지 않은 모든 약제의 경우 일반명 약제로서 시판되기 위해서는 생체 내 또는 생체 외 생물학적 동등성 시험을 하도록 되어있고 흡수율, 약동학 시험의 요구 기준이 맞아야 한다. 이에 대한 필수적인 약동학적 파라미터인 생체이용률, 제거 반감기, 배설율과 대사율 등을 단일용량과 다용량 투여 후 확립해야 한다. 생체이용률은 통상 약물의 소화관 내 흡수율과 유사한 지표로 경구투여 후 혈중 약물농도-시간 곡선하 총 면적(AUC : Area Under the Concentration-time Curve)과 정맥주사 후 혈중 약물농도-시간 곡선하 총면적을 비교하는 생체이용률(F=AUC 경구/AUC 정맥)이 흔히 흡수율(F)의 지표로 쓰이고 있다. 즉 정맥투여에 대한 상대적인 흡수율을 나타내며 %로 표시하여 절대적 생체이용률이라고 한다. 약물을 정맥에 투여할 때에는 곧바로 전신순환에 도달되기 때문에 전신약물흡수 즉 생체이용률은 100%이다. 보통은 오리지널 약제의 흡수율과 타 제약회사의 약제의 흡수율의 비율(F=AUC 시험약/몇 기준약)로 상대적 생체이용률을 표시한다. 약물투여 시 전신적 흡수는 약물의 물리생화학적 성상, 약물의 특성, 흡수부위의 해부생리적 기능에 의존되며 약물 자체가 가지는 요인들 중 가장 중요한 것은 그 분자의 크기와 형태, 흡수 부위에서의 용해도, 이온화의 정도와 이온화와 비이온화형의 상대적 비율 및 지용성 등이다.

(6) 혈중약물농도

· Tmax : 약물 투여 후 혈중농도가 최고치에 도달하는 시간으로서 약물흡수가 최고에 도달한 시점으로 약물의 흡수속도와 배설 속도가 같아지는 순간을 의미한다. Tmax 이후에도 약물흡수는 지속되지만 속도가 느려진다. 따라서 약물의 흡수를 비교할 때 흡수속도에 대한 지표가 된다.

· Cmax : 약물투여 후 최고 혈중농도로 치료적 반응을 나타낼 정도로 전신 순환에 충분히 흡수되었는지를 가리키는 지표이다. 또한 독작용을 일으킬 수 있는지에 대한 정보도 제공하게 된다.

· AUC(area Under the Concentration-time Curve) : 혈중 약물농도-시간 곡선 하 면적은 약물의 생체흡수율의 정도를 의미하며 전신순환에 도달한 활성약물의 총량을 반영한다. AUC의 단위는 농도, 시간으로 표시한다.

(7) 반감기(half life)

약물을 복용하면 체내에 계속 남아 있는 것이 아니라 소변으로 꾸준히 배출되기 때문에, 약물의 혈중 농도는 복용 후 최대에 도달했다가 시간이 지남에 따라 지속적으로 감소한다. 혈중 농도가 최대치에서 절반으로 감소하는 데까지 걸린 시간을, 그 약물의 반감기(half life)라고 한다.

약물의 반감기는 약의 종류와, 환자의 약물 대사/배출 능력에 따라 다양하다. 짧으면 2~3시간, 길면 3일인 약물도 있다. 예를 들어 반감기가 6시간인 약은 복용 후 6시간 지나면 혈중 농도가 1/2로 감소하고, 12시간이 지나면 1/4로, 18시간이 지나면 1/8로, 24시간이 지나면 1/16으로 감소한다. 일반적으로 반감기가 짧은 약물은 하루 3회 복용하고, 긴 것은 하루 한 번만, 일주일에 한 번 복용하는 약물 등 다양하다.

약물역학(Pharmacodynamics)

약력학의 관심 대상은 치료효과 및 이상반응이다. 치료효과 혹은 이상반응을 약물의 용량이나 농도로 설명, 즉 용량 혹은 농도와 효과 사이의 관계를 연구하는 학문이다. 약의 효과는 경험적으로 최대효과모형, 즉 약의 용량을 증가시키면 효과도 증가하지만 특정 용량 이상에서는 더 이상 효과의 증가가 없는 것으로 알려져 있다. 또한 두 가지 이상의 약물을 투여했을 때, 하나 또는 그 이상의 약물의 약물동태학적 성질이 변화하여 부작용 혹은 독성을 유발할 수 있다. 제약 영업사원은 담당하는 제품의 약물상호작용을 숙지하고 부작용을 일으킬 수 있는 내용을 전달할 수 있어야 한다.

제약영업, CSO를 만나다

의약품의 분류

일반적으로 우리 몸에 투여된 약물은 여러 종류의 효소와 호르몬의 영향을 받고, 복잡한 생리학적 과정을 거쳐 혈류로 들어간다. 혈류를 통해 치료 부위에 도착하여 약효가 발휘되는 것이다. 따라서 약물을 개발할 때 연령에 맞게 효과적으로 약효를 전달하고 약물의 부작용을 줄이며 효능과 효과를 극대화 할 수 있도록 약물의 제형과 투여경로 등을 디자인해야 한다.

약품제제에 따른 분류

간단히 구분하면 경구용제와 외용제로 구분된다. 경구용제는 정제, 캡슐, 시럽 최근에는 츄정, 구강용해필름형 제제 등이 새롭게 개발되었고 복용방법이 편리하게 크기도 작게 개발되고 있다. 외용제는 연고, 크림, 패치제 등이 있다.

약물 방출 속도에 따른 분류

서방형이라고 하는 것은 속방형의 반대 개념으로 정제가 포함되고 있는 주약물을 천천히 방출해서 일정한 혈중농도를 유지할 수 있도록 설계된 제품이다. 당뇨약, 혈압약과 같이 매일 약을 복용해야 하는 경우 하루에 세 번 복용하는 것은 환자의 입장에서 상당히 어렵고 불편한 일이다. 이러한 경우에 서방형 제제 기술을 도입하여 약물이 하루 종일 일정한 속도로 방출되도록 조절하여 하루에 한 번만 복용해도 되는 약물이 개발되어 환자의 복약 순응도를 높였다. 미래에는 제제 기술의 발달로 인하여 한 달에 한 번, 일 년에 한 번, 평생에 한두 번 복용할 수 있는 약이 개발될 것으로 기대된다. 서방형제제는 다음과 같은 종류가 있다.

· SR(sustained(slow)-ralease preparation) : 일반적 서방형 제제, 치료용량의 약물이 장시간 방출(딜라트렌, 디트로딘, 유로프리 등)

· CR(controlled-release preparation) : 방출 제어형 제제, 원하는 시간 동안 치료 혈중농도 유지(니페론, 테그레톨, 클란자, 에필렙톨, 에이자트 등)

· ER(XL, XR(extended-release preparation)), PR(prolonged ralease), RA(repeat action) : 반복형 방출제제, 일정 시간 간격(층별 용해시간 차이 이용)으로 치료약물 농도 방출(타이레놀 ER, 클래리시드 ER, 다이아벡스 ER)

제약영업, CSO를 만나다

· OR(optimized-release preparation), OROS(osmotic release oral delivery system) : 최적화 제제, 삼투압에 의해 서서히 방출(껍질은 변으로 배출-아달라트, 라이리넬)

· GR(gastric retention preparation) : 위내 저류 제제(노바메트)

투여경로에 따른 분류

임상시험을 할 때 효능, 효과, 부작용을 고려하여 해당약물의 인체 내 전달방법을 최적화한다. 약물의 안전성과 유효성을 적절히 전달하기 위한 다양한 제형개발과 환자의 순응도(Compliance Rate)를 개선시킨 제제가 개발되었다.

(1) 경구투여

위장을 통해 쉽게 흡수되는 대부분의 약물이 경구투여로 복용된다. 복용 방법이 간단하여 가장 많이 복용하는 방법으로 PO제(per oral)라고 부른다.

(2) 설하투여

설하투여는 혀 밑에 투여하는 방법이다. Nitrobid, Adalat 같은 약을 쓸 때 효과를 좀 더 빠르게 하기 위한 것이다. 장에서 흡수를 시키려면, 일단 삼키고, 위를 통과해서 주로 소장에서 흡수되게 된다. 예를 들어 아주 심한 고혈압 환자가 응급실에 왔을 경우 빨리

혈압을 떨어뜨려주는 것이 좋으므로, 이러한 경우 혈압강하제인 아달라트 같은 약을 그냥 혀 밑에 넣든지, 혹은 바늘로 연질캡셀의 구멍을 뚫어 액을 혀밑에 짜주고 나머지는 삼키게 한다. 혀 밑에는 혈관이 아주 잘 발달되어서 빨리 흡수되므로 혈중 약물농도가 빠르게 올라가고 효과 역시 신속하다.

(3) 직장 내 투여(suppository)

경구약제를 투여하지 못하는 어린이나 수술 후의 환자에게 쓰는 경우가 많다. 배변 촉진 외에는 가능한 한 배변 후에 삽입하여 좌약이 배출되지 않은 것을 확인한다. 질용의 좌약은 소염 또는 호르몬제인데 국소적 치료를 목적으로 한다. 일반적으로 경구약제보다는 흡수가 빠르고 혈중농도도 높다. 좌약과 관장제가 여기에 해당된다.

(4) 흡입

흡입으로 호흡기 계통을 통하여 투여하며 대표적인 예로는 전신마취제 흡입이나, 기구를 이용한 호흡기 치료제 등이 있다. 용량 조절이 어렵고 폐의 상피세포를 자극할 수 있다는 단점이 있다.

주사제

흡수가 빠르고 약효 작용이 빠른 장점이 있어 긴급을 요하는 응급환자에게 적당하다. 주사의 종류는 다음과 같다.

(1) 피내주사(intradermal)

ID로 약칭한다. 흡수가 느리고 반응을 눈으로 볼 수 있는 것이 특징이며 치료보다는 질병의 진단(투베르쿨린)이나 예방(각종백신)에 실시한다. 보통 아래 팔 안쪽, 또는 위팔 바깥쪽에 놓는다. 각도는 15도이다.

(2) 피하주사(subcutaneous)

SC로 약칭한다. 내복보다 흡수가 빠르며 또 소화액의 작용을 받지 않고 흡수 때에 간장에서 해독되지 않는 등의 이점이 있다. 그 때문에 내복하면 변화를 받는 인슐린이나 일부 지혈제, 비타민제, 강심제 등은 피하주사 한다. 또 의식장애가 있거나 몹시 쇠약하여 내복이 불능일 때에도 행하여진다. 또한 긴급시의 진통제, 강심제 등의 투여도 이 방법에 의한다. 주사부위는 상완(위팔)외측이 주가 되지만 대퇴부(허벅지)에 주사할 때도 있다. 국소(적은 범위)의 자극작용이 강한 약제는 근육주사를 하는 편이 동통(통증)이 적다. 또 약제가 혈관 속으로 들어가지 않도록 주의해야 한다. 각도는 30도이다.

(3) 근육주사(intramuscular)

IM로 약칭한다. 피하주사를 하기엔 자극이 강하고 통증을 주며, 흡수가 늦기 때문에 빠른 효과를 바라는 경우, 정맥주사가 불가능한 경우에 이용한다. 둔부(엉덩이)의 외둔근(엉덩이 바깥부분)

으로 좌골신경을 건드리지 않도록 근육이 두꺼운 일정한 부위에 주사한다. 주사바늘은 굵고 긴 것을 택하여 주사기를 연필 쥐듯이 하고 바늘은 수직으로 빠르게 깊이 꽂고 혈액의 역류 여부를 확인한 다음 주입한다. 어깨의 삼각근이나 상완삼두근, 대퇴사두근도 근육주사 부위로 이용된다. 각도는 90도이다.

(4) 정맥주사(intravenous)

IV로 약칭한다. 약액이 1~2분 내에 심장을 거쳐 신체의 필요한 조직에 도달하므로 약효가 빨리 나타나고, 또 그만큼 반응도 확실하게 나타난다. 경구적으로 수분을 충분히 투여할 수 없는 경우에 수분이나 염분, 그 밖에 필요한 전해질을 보급하기 위하여, 또는 출혈 후의 혈액보급을 비롯하여 해독제 등의 약제를 혈액 속에 주입하거나 빠른 약효를 기대할 경우 등에 쓰인다. 점적정주(点滴靜注)도 정맥주사의 일종이다. 통증이 없이 다량의 주입이 가능하므로 수액이나 수혈의 주입수단으로도 이용된다. 각도는 45도이다.

신약, 제네릭, 개량 신약

(1) 신약(New Drugs)

신물질 의약품으로서 의약품은 효능, 독성시험을 포함하여 임상시험을 해야 하므로 제품 개발 기간이 길고, 천문학적인 금액이 소요된다. 또 다른 표현으로는 브랜드 의약품, 오리지널 의약품,

NCE(New Chemical Entity), NME(New Molecular Entity), innovator drug이라고도 부른다.

(2) 제네릭(Generics)

브랜드 의약품(Brand-Named Drug, 또는 Original Drug)과 성분, 용법, 용량, 투여 경로, 성능 특성 및 사용 용도가 동일하고 생물학적으로 동등함을 입증 받은 의약품을 말한다. 특허로 보호받는 신약이 특허가 만료되어 독점권을 상실하면 다수의 제약사에서 약효 및 품질이 동등하게 제조된 의약품을 만드는데, 이를 제네릭 의약품이라고 하며, 복제약(Copy Drug)이라고도 표현한다. 개량 신약과 구분하기 위해 단순 제네릭(Commodity Generics)이라고 표현하는 경우도 있다.

(3) 개량 신약(IMD, Incrementally Modified Drugs)

이미 승인되어 있는 의약품의 화학적 구조나 제제 등을 약간 변형한 의약품을 말한다. 즉 개량 신약은 브랜드 의약품을 복제하는 데 그치지 않고 약간 변형하여 기능을 향상시키거나 새로운 가치를 부가한 의약품을 총칭하는 것으로 Modified Generics, Specialty Generics 혹은 Super Generics라고도 부른다. 개량 신약은 제네릭 의약품의 발전된 형태로 인식되고 있으며 허가에 필요한 자료도 단순 제네릭 의약품보다 많은 것들이 필요하여 자료제출 의약품으로 분류된다.

(4) 바이오 의약품(Biomedicine)

화학적 합성 의약품에 대비되는 개념으로, 유전자 조합과 세포배양 등 생물공학 방식을 이용해 생물체에서 유래한 세포, 단백질, 유전자를 원료로 생산하는 의약품을 말한다. 바이오 의약품은 화학합성 의약품보다 부작용이 적고 특정 질환에 대한 효과가 뛰어나기 때문에 난치병과 중증질환 치료분야에서 영향력이 급속히 커지고 있다.

제약영업, CSO를 만나다

제약 관련 용어집

용어 정리

MR(Medical Representative): 제약회사 영업사원을 지칭한다.

CMR(Contract Medical Representative): 여러 제약사의 의약품을 판매하거나 홍보하는 영업사원을 지칭한다.

CSO(Contract Sales Organization): 여러 제약사의 의약품을 판매하거나 홍보하는 조직이나 회사를 지칭한다.

PM(Product Manager): 제품의 마케팅을 담당하는 사람을 일컫는다. 외국계 제약사 경우 심혈관계, 소화기계, 각 파트를 나누고 파트장이나 팀장급 매니저가 있다. 의약품마다 PM이 있는 곳도 있지만, 국내사의 경우 수많은 제품이 있으나 PM은 한정적이라 한 명의 PM이 수십 개의 약을 담당하여 약물의 가격이나 적응증 등을 숙지하기에 어려움이 있다.

CL(Clinic) Local : OO내과, OO이비인후과등 동네 의원(1차

병원)을 지칭하는 용어다.

준종합 또는 세미병원: 종병급보다 낮은급으로 입원병동이 있는 2차 병원(예 OO척추전문병원, OO소화기 전문병원 등)이다.

종병: 종합병원의 줄임말로 일반적으로 대학병원(3차 병원)을 지칭한다. 상급 종합병원.

OTC(Over The Counter): 소화제, 해열제, 비타민, 진통제 등 처방 없이 약국에서 구입 가능한 일반 의약품을 뜻한다.

ETC(Ethical Drug): 의사 처방이 필요한 전문의약품이다. 보통 제약회사 MR이라고 하면 ETC를 담당하는 영업사원을 말한다.

과별 분류 (약어)

1. IM Internal medicine 내과
2. Pulmonology 호흡기내과
3. Cardiology 순환기내과
4. Gastroenterology 소화기내과
5. Hemato-oncology 혈액종양내과
6. Endocrinology 내분비내과
7. Allergology 알레르기내과
8. Nephrology 신장내과
9. GS General Surgery 일반외과
10. CS / TS Thoracic and Cardiovascular Surgery 흉부외과
11. NS Neurosurgery 신경외과

제약영업, CSO를 만나다

12. OS Orthopedic Surgery 정형외과

13. PS Plastic & Reconstructive Surgery 성형외과

14. OBGY Obstetrics and Gynecology 산부인과

15. DR Delivery room 분만실

16. PED Pediatrics 소아과

17. NR Newborn room 신생아실

18. DERMA Dermatology 피부과

19. URO Urology 비뇨기과

20. OPHT Orphthalmology => Ophthalmology 변경 안과

21. ENT ear, nose, throat 이비인후과

22. NR Neurology 신경과

23. NP Psychiatry 신경정신과

24. FM Family Medicine 가정의학과

25. DENT Dentistry 치과

26. Anesthesiology 마취과

27. OR Operation room 수술실

28. ER Emergency room 응급실

투약 용어

복용횟수

1. QD: 1일 1회
2. BID: 1일2회
3. TID: 1일 3회
4. QID:1일 4회
5. QOD: 2일 1회 (격일)

투여 경로

1. PO 경구
2. IV 정맥주사
3. SOL 용액
4. POW 분말
5. Tablet 정제
6. Capsule 캡슐
7. Ointment 연고

자주 쓰이는 약어

1. DM : Diabetic mellitus, 당뇨
2. HTN = Hypertension, 고혈압
3. BP= Blood Pressure 혈압
4. Hep= Hepatitis, 간염

제약영업, CSO를 만나다

5. Tbc = Tuberculosis, 결핵

6. TA 환자= Traffic Accident 교통사고 환자

7. PT = Physical Therapy 물리치료

대표약물 정리

당뇨약 종류

(1) 설폰요소제

췌장의 베타세포을 자극하여 인슐린 분비를 증가시키는 약물로 보통 식사 전에 복용하는 경우가 많다. 체중 증가나 저혈당이 있을 수 있다.

(2) 바이구아나이드계

간에서 포도당이 과도하게 만들어지는 것을 억제할 뿐만 아니라 말초 조직에서 분비된 인슐린의 작용을 도와서 포도당이 에너지원으로 이용될 수 있도록 한다. 위장장애를 예방하기 위하여 식후에 복용하는 경우가 많다.

(3) 알파글루코시데이즈억제제

상부 위장관에서 당 분해 효소의 작용을 억제시켜서 당 흡수를 지연시킴으로써 식후 급격한 혈당 상승을 방지한다. 하루 3회 식전 복용한다. 소화장애가 발생할 수 있다.

(4) 티아졸리딘디온계

근육과 지방에서 인슐린 감수성을 개선해 주며, 간에서 포도당이 과도하게 만들어지는 것을 억제한다. 식사와 관계없이 복용이 가능하며, 체중 증가 및 부종이 발생할 수 있다.

(5) 메글리티나이드계

설폰요소제처럼 췌장의 베타세포에서 인슐린 분비를 증가시키는 비설폰요소제로 약효가 빠르고, 작용 시간이 짧은 것이 특징이다. 식후 고혈당을 개선하며, 하루 3회 식사 직전 복용한다. 저혈당이 있을 수 있다.

(6) DPP-4 억제제

DPP-4는 장에서 인크레틴을 분해하는 효소이다. 이를 억제하면 인크레틴의 농도가 증가된다. 그 결과 췌장에서 인슐린 분비 증가와 함께 글루카곤 분비 감소를 통해 혈당이 감소하게 된다. 음식물의 소화 흡수 속도도 낮추어 혈당 상승이 천천히 이루어지게 만든다. 하루 1-2회 복용한다.

(7) SGLT-2 억제제

신장에서 Sodium glucose cotranporter-2 (SGLT-2)라는 수용체를 억제하여 신장에서 당 재흡수를 억제하여 소변으로 당을 배출하게 된다. 인슐린 비의존적으로 혈당을 낮추며, 식사와 관계없이 하루 1회 복용한다. 요로 감염, 탈수가 발생할 수 있어 고령의 환자나 저혈압이 있는 경우는 주의해야 한다. 체중 감소의 효과가 있다.

고혈압 약제 종류

이뇨제(Diuretics)

치아자이드(Thiazide)계 이뇨제는 가장 오래된 고혈압 약제 중 하나이다. 이뇨제의 명확한 혈압하강 기전은 밝혀지지 않았지만, 체내의 수분과 염류 배설을 촉진하여 우리 몸 안의 장량을 감소시키고 강압 효과도 나타내는 것으로 알려져 있다. 다이크로지드(Dichlozid)가 고혈압 치료를 위한 일차적 약제로 사용되고 있다. 그 외에도 라식스(Lasix), 아밀로라이드(Amiloride), 알닥톤(Aldacton), 토렘(Torem), 자록소리(Zaroxolyn), 트리파몰(Tripamol), 후르덱스(Fludex), 나트릭스(Natrix) 등 다양한 종류의 이뇨제가 심장질환이 있는 환자들에게 사용될 수 있으며 환자의 기저질환에 맞는 약물을 선택해야 한다.

제약영업, CSO를 만나다

베타 차단제 (Beta Blocker)

베타 차단제는 교감신경의 작용을 차단하여 감압 효과를 일으킨다. 심박동수와 심근 수축력을 감소시켜 심장의 부담을 줄여준다. 그래서 고혈압 환자뿐 만 아니라 관상 동맥 질환이 있는 환자에게 효과적이며, 심방세동, 심방빈맥 등의 부정맥 치료에도 효과적으로 사용된다. 특히 심부전이나 과거 심근 경색이 있었던 환자에서는 가급적 사용할 것을 권장하고 있다. 그러나 상기 질환에 해당되지 않는 환자군에서는 고혈압의 합병증에 대한 예방 효과가 상대적으로 떨어지는 편으로, JNC-8차 진료 지침에서는 1차적 약제로 권고되지는 않고 있다.

딜라트렌드(Dilatrend), 테놀민(Tenolmin), 켈론(Kelon), 알말(Almarl), 프라놀(Pranol), 렌티블록(Rentiblock), 미케란(Mikelan), 콩코르(Concor), 쎄렉톨(Selectol) 등의 약이 이에 포함된다.

안지오텐신 전환효소 저해제(Angiotensin-converting enzyme(ACE) inhibitor) 및 안지오텐신 II 수용체 차단제 (Angiotensin II Receptor Blockers, ARB)

혈관수축 작용을 가진 물질인 안지오텐신 II의 생성이나 작용 과정을 막아 혈관이 이완되도록 한다. 특히 관상동맥 질환이나 신부전을 가진 환자들의 고혈압 치료에 유용하며, 특히 당뇨 환자에서는 신질환 예방을 위해 1차적 약제로 선택할 것을 권고하고 있다. 또한, 이 약물은 혈압 강하 이외에도 약물 자체의 기전이 심장을 보호하는 효과가 있는 것으로 알려져 있어 기저 심질환이 있는 환자에서 널리 사용되고 있다. 타나트릴(Tanatril), 카프릴(Capril), 유니바스크(Univasc), 레니프릴(Lenipril), 아서틸(Acertil), 에나프린(Enaprin), 인히베이스(Inhibace), 트리테이스(Tritace), 제스트릴(Zestril), 디오반(Diovan), 코자(Cozzar), 아프로벨(Aprovel), 테베텐(Teveten), 프리토(Pritor), 올메텍(Olmetec) 등이 여기에 속하는 약물이다.

칼슘채널 차단제(Calcium Channel Blocker)

이 약물은 혈관벽의 평활근을 이완시켜 혈압을 낮추는 역할을 하며, 일부 약물은 심장에도 작용해 심장의 수축력을 억제하고 심박수도 느리게 한다. 비교적 발현 시간이 빠르고 안전한 것으로 알려져 있어 현재 가장 많이 이용되는 강압제 중 하나이다. 체네 콜레스테롤, 전해질 등에 미치는 영향이 적으며 노인 고혈압에서 많이 사용된다. 또한 고혈압 약제의 병용 요법이 필요할 경우 안지오텐신 전환효소 억제제와 칼슘채널 차단제의 병용요법이 널리 쓰이고 있다. 아달라트(Adalat), 헤르벤(Herben), 이솝틴(Isoptin), 니카디핀(Nicardipin), 바이프레스(Bipres), 노바스크(Norvasc), 애니디핀(Anydipin), 아모디핀(Amodipin), 박사르(Vaxar), 올데카(Olde-car), 자니딥(Zanidip) 등의 약들이 이에 속한다.

알파차단제(Alpha Blocker)

알파 차단제는 말초 혈관에 작용하는 교감 신경 자극을 감소시켜서 혈관 수축물질의 작용을 낮춘다. 따라서 말초동맥이 확장되고 혈관 내 저항이 낮아져서 혈압이 떨어지게 된다.

혈압을 낮추는 작용 외에 전립선과 방광의 긴장도를 낮추는 효과가 있어 노인 등 전립선 비대가 있는 고혈압 환자에 특히 좋은 약이다. 미니프레스(Minipres), 하이트린(Hytrin), 카두라(Cadura), 카르딜(Cardil) 등이 이에 해당한다.

고지혈증 약제 종류

이상지질혈증약은 혈액 중의 콜레스테롤이나 중성지방의 수치를 정상화시켜주는 약을 말하며 고지혈증 약으로도 불린다. 콜레스테롤이나 중성지방의 합성을 억제하는 약이 다수를 차지하는데 스타틴 계열의 약물이 대표적이다. 그 외에 콜레스테롤의 흡수를 억제하거나 배설을 촉진시키는 약제 등이 있다.

이상지질혈증약은 총 콜레스테롤, VLDL 콜레스테롤, LDL 콜레스테롤 수치를 감소시키거나 HDL 콜레스테롤 수치를 증가시키는 효과를 통하여 혈액 중 지질 수치를 개선시키는 약물을 통칭한다. VLDL 콜레스테롤과 LDL 콜레스테롤의 합성 감소, VLDL 콜레스테롤의 제거, LDL 콜레스테롤 분해 촉진, 콜레스테롤 흡수 저해, HDL 콜레스테롤의 상승 유도 등이 이상지질혈증약의 지질개선 효과를 나타내는 작용기전이 된다. 이상지질혈증약은 다음과 같이 6가지로 분류될 수 있다.

- 스타틴제(statins)는 콜레스테롤의 전단계 물질인 메발론산(mevalonic acid)이 생성되는 단계를 차단하여 콜레스테롤의 합성을 억제한다.
- 에제티미브(ezetimibe)는 소장에서 콜레스테롤이 흡수되는 것을 억제하고 혈중 LDL-콜레스테롤을 감소시킨다.
- 콜레스티라민(cholestyramine)은 장내에 존재하는 콜레스테롤이 많은 담즙산과 결합하여, 콜레스테롤이 재흡수되지 않고 변으로 배설되도록 한다. 담즙산이 재흡수되지 않으면 간에서는 담즙산을 다시 만들어 내는데, 이때 담즙산은 콜레스테롤을 이용하여 합성되므로 혈중 콜레스테롤은 감소하게 된다.
- 니코틴산(nicotinic acid)은 간에서 VLDL 콜레스테롤의 합성을 저해하며 이로 인해 LDL 콜레스테롤의 합성을 감소시키는 효과를 나타낸다.
- 피브레이트 제제(fibrates)는 혈중 중성지방 수치를 낮추고 VLDL 콜레스테롤의 분해를 증가시켜 LDL 콜레스테롤의 수치를 낮춘다.
- 오메가-3 지방산(omega-3 acid ethyl esters)은 중성지방 합성과 관련된 효소를 억제하고 지질단백 분해를 돕는 효소의 활성을 증가시켜 더 많은 양의 중성지방을 제거한다.

제약영업, CSO를 만나다

소통으로 부족한 부분을

우리 저자들은 의료산업에서 십수 년간 종사했다. 경험과 배움을 얻고자 의료경영 대학원을 진학한 뒤 경희대학교 의료경영 MBA에서 만나 의료관련 분야의 부족한 부분을 공감하게 되었다. 그러면서 현실적으로 미래의 의료산업에서 필요한 것이 무엇일까에 대한 고민을 해왔다. 제약, 기기, 마케팅, 컨설팅 등에 이르기까지 의료산업은 분야별로 나뉘어 있지만 하나로 연결된다는 것을 알게 된 이후, 업계의 전문적이고 체계화된 이야기를 필요한 사람들에게 해주고 싶었다. 아마 대부분의 의료 관련 종사자라면 공감할 것이다. 이러한 마음으로 우리는 의기투합하여 그 첫 시작을 제약 산업에 대한 이야기로 시작했다.

지금의 제약 영업 시장은 과거 의약분업 이후 많은 변화를 겪으며 빠르게 적응해왔다. 현재는 제약회사들뿐만 아니라 제약 영업인들에게 많은 기회가 주어지고 있으나, 제약 영업인 입장에서는 도전에 대한 걱정과 불안함도 갖고 있다. 우리가 의료산업에 뛰어들었을 때에는 제대로 된 전문가 과정이나 서적이 부족했다. 그래서 시작하고 준비하는 사람들의 어려움을 누구보다 잘 알고 있다. 이에 첫 번째로 제약 영업의 변화를 알리고, 먼저 몸담았던 사람으로서 살아남을 수 있는 해법을 제시해 주고자 했다. 그리고 제약 영업에 대해 궁금해하는 사람들에게 가이드가 되었으면 하는 마음을 책에 담고자 했다. 취업을 준비하는 사람, 이직을 생각하는 사람, 현직에 종사하면서 부족함을 느끼는 사람, 도전하고자 하는 사람들에게 실무적인 조언과 희망을 주고 싶었다.

더 나아가서, 이 책이 중소제약사에서 직원 교육을 위한 자료로도 쓰이기를 바란다. 책을 쓰면서 우리가 스스로를 다시 돌아볼 수 있었던 것처럼, 다양한 분야의 경험을 나누며 소통으로 부족한 부분을 채웠던 것처럼, 이 책을 통해 프로 제약 영업인을 꿈꾸는 모든 이들도 그 여정에서 용기와 인사이트를 얻길 바라며, 언젠가 독자분들과도 좋은 모습으로 만나기를 기원해 본다. 저자들은 앞으로도 의료산업의 각 분야에서 단순한 이론이 아닌, 실제 현업에 도움이 되는 책을 꾸준히 집필하려고 한다.

모두가 뜻한 바를 이루는 삶이 되기를 바랍니다.

2022년 여름,

김현준(건희, 나희 아빠), 권준형(휘소, 율 아빠) 드림

제약영업 CSO를 만나다 　　　초판 1쇄　　2022년 7월 25일

지은이 　　　　김현준, 권준형
펴낸이 　　　　최대석
편집 　　　　　최연, 이선아
디자인1 　　　 H. 이치카, 김진영
디자인2 　　　 이수연, FC LABS

펴낸곳 　　　　행복우물
등록번호 　　　제307-2007-14호
등록일 　　　　2006년 10월 27일
주소 　　　　　경기도 가평군 가평읍 경반안로 115
전화 　　　　　031)581-0491
팩스 　　　　　031)581-0492
홈페이지 　　　www.happypress.co.kr
이메일 　　　　contents@happypress.co.kr
ISBN 　　　　　979-11-91384-29-1　03320
정가 　　　　　18,000원

　　　　　이 책의 국립중앙도서관 출판예정도서목록(CIP)은
서지정보유통시스템 홈페이지(http://seoji.nl.go.kr)와
국가자료공동목록시스템(http://nl.go.kr/kolisnet)에서
　　　　　이용하실 수 있습니다.

 Publisher's Note

 Kim HyunJoon

 Kwon JunHyoung

자본의 방식

유기선

KAIST금융대학원장 추천

자본은 어떤 방식으로 당신을 지배해 왔는가?
금융, 역사 철학, 심리 등으로 풀어내는 이야기들

〈자본의 방식〉*은 금융과 주식시장에 관한 학자들의 사상을 거슬러 올라가 '돈과 자본이란 어디로 와서 어디로 흘러가는가?'에 대한 의문을 금융의 역사와 철학, 심리 등을 토대로 살펴본다. 수많은 정보들 중에서 '자본과 관련된 47가지 이야기'를 추려서 쉽고 단순화했다. 금융 시장의 메커니즘, 금융재벌 JP 모건의 이야기, 리스크, VaR와 신용 네트워크 등의 개념을 짚어가며 자본이 우리 일상에 어떻게 영향을 미치게 되었는지를 풀어나간다.

*출판문화진흥원 창작지원사업 당선작품

재미의 발견

김승일

대만 수출 도서

100만 구독자, 1000만 관객, 高 시청률의 비밀
재미를 만들고 증폭하는 원리를 이해하라

상영시간이 대체 언제 지나갔는지 궁금하게 만들 정도의 영화, 종영이 다가오는 것이 아쉬웠던 드라마, 나도 모르게 구독 버튼이 눌러지던 유튜브 영상… 어떤 콘텐츠가 재미있는 이유는 뭘까? 재미있는 콘텐츠는 공통적으로 보는 이로 하여금 눈을 떼지 못하게 한다. 즉, 시청자를 당혹하고 집중하게 한다. 저자는 100여 개의 인기 콘텐츠에서 시청자가 당혹하고 집중한 장면을 주목하고, 그곳에서 공통점을 뽑아낸다.

자기객관화 수업

현실적응력을 높이는 철학상담　　　모기룡

가스라이팅　　　　　　　　자기객관화

서양철학은 우리도 모르는 사이에 우리의 사고를 주도
하고 있다. 이를 테면,

너 자신을 믿어라 / 주체적으로 사고하라 / 고유한 너 자
신을 찾아라 / 언제나 긍정적인 마음을 가져라 / 세상의
중심은 너다

이런 모토들은 장점도 있지만
그로 인해 외부의 관점을 무시하게 되는
부작용을 낳는다.
구루는 다음과 같이 말한다.

"이 모토들은 자신의 내면에 있는
것이 진짜 자신이라거나 가장
중요하다고 생각하게 만들지요.
그리고 타인들이 생각하는 나의
모습은 가짜이거나 중요하지
않다고 생각하게 만들지요."

지르즘감 주체성 가스라이팅 긍정으로 나 혀신을 보는 2인칭의 관점으로 보는 세상 소통과 컨트롤

자기 객관화 수업
현실적응능력을 높이는 철학상담

모기룡

행복우물

한 권으로
백 권 읽기 II

DANIEL CHOI

고고학-문사철-사회과학-자연과학-인공지능까지!

노벨상의 산실 –
미국 시카고대학교의 비밀!

1890년에 석유재벌 존 록펠러와 몇 명이 힘을 합쳐 세운 시카고 대학은 설립 후 근 40여 년 동안 크게 두각을 나타내지 못하던 학교였다. 그런 대학에 1929년 총장으로 부임한 로버트 허친슨 박사는 '위대한 고전 읽기 프로그램(Chicago Plan)' 운동을 벌인다. 그는 200여 종의 고전을 선정하고 그 중 100여 종을 읽지 않으면 졸업을 시키지 않았다.

처음에는 반발도 거셌지만 그 프로그램을 시작하고 90년이 지난 지금은 '시카고대학교 (University of Chicago)' 하면 곧 '노벨상'이라는 등식이 성립하는 단계에까지 이르렀다. 위대한 고전을 읽는 일은 그만큼 중요하다. 사고의 폭이 넓어지면서 무궁무진한 아이디어가 솟아나기 때문이다.

다가오는 미래 축복인가 저주인가

김기홍

4차 산업혁명 이후 삶과 세계

4차 산업혁명 우리에게 과연 축복일까 저주일까?
김기홍 교수의 통찰력 가득한 진단:

v 비대면의 친구는 어떤 친구인가?
v 플레폼 기업의 부상: 실체와 연결 무엇이 힘이 센가?
v 4차 산업혁명은 마지막일까?
v 자율주행차 최종 승자는?
v 구글은 망하지 않을 것인가?
v 메타버스로의 이동은 무엇을 의미하는가?
v 비트코인, 돈에 무슨 일이 일어나고 있는가?

창업/자기계발 ————————————

인사이트 스타트업

INSIGHT STARTUP

예술창작자와 스타트업 도전자들을 위한 거의 모든 노하우

창작자에서
창업가로
TIP INSIDE

인사이트 / 스타트업

아이디어부터 스케일업까지

아이디어부터 스케일업scaleup까지 -
스타트업 성공에 관한 거의 모든것

❴ 크리에이터들을 위한 완벽 가이드 ❵

KIM JIHO · KIM SOYOUN · LIM BOJUNG · YOO HYUNJIN ·
AN KWANGNO · LEE JAEHYUNG · LEE KYUNGHO · KIM SOHEE

스타트업 창업, 어렵지 않다!
아이디어를 설계하는 법부터
스타트업 창업과 운영 노하우 + 창작자를 위한 팁

김지호 김소연 임보정 유현진
안광노 이재형 이경호 김소희

이 책은 이 어려운 시기를 어떻게 헤쳐나가야 할지 고민 중인 당신에게 보여줄 하나
의 제안이다. 줌(ZOOM), 배달의 민족, 유튜브처럼 거창한 기업들을 배우는 것도 중
요하지만 문화 콘텐츠의 잠재력을 갖춘 새로운 산업과 제도를 적절히 이용하는 것도
중요하다. 창작자들이 지속 가능한 창작활동에 도움이 될 수 있도록, 〈인사이트 스타
트업〉은 창업이라는 여정의 시작에서 망설이는 이들을 위한 책이다.

행복우물

창업/자기계발 ——————————————————

야 너도 대표될 수 있어

박석훈 김승범 주학림 장보윤 김성우

경기침체는 스타트업 창업 절호의 기회!

세계 유수의 기업들은 경제 위기때 만들어졌다

코로나와 함께 12년 만에 찾아온 기회, 창업하라

법인 설립 완벽 가이드

스타트업
창업 및 펀딩
노하우

혼자서 하는
법인 설립
가이드

조지메이슨대
여현덕 교수
추천

스타트업에게 가장 중요한 VC 펀딩,
자금조달부터 법인설립, 마케팅까지!

위대한 기업들은 최악의 경제 위기를 겪고있을 때 탄생했다. 마이크로소프트, 에어비앤비(Airbnb), 우버(Uber), 카카오 오일쇼크, 글로벌 금융위기 등 경제가 어려울 때 시작한 기업들이다. 왜 최악의 경제 위기가 스타트업에게 기회인가? 이 기회를 활용하려면 무엇이 필요한가? 각계의 정점에 있는 전문가들이 모여 실질적인 창업 방법, 투자를 받는 방법, 법인을 설립하는 방법 등 실용적인 방법과 전략을 엮었다.